투자지능

1판 1쇄 인쇄	2022년 4월 27일
1판 1쇄 발행	2022년 5월 06일
지은이	이지윤·하상원
펴낸이	백영희
펴낸곳	(주)너와숲
주소	04032 서울시 금천구 가산디지털1로 225 에이스가산포휴 204호
전화	02-2039-9269
팩스	02-2039-9263
등록	2021년 10월 1일 제 2021-000079호
ISBN	979-11-976388-4-8 03320
정가	18,000원

이 책을 만든 사람들

책임 편집	조혜린
교정	허지혜
홍보	박연주
디자인	지노디자인
마케팅	배한일
제작처	미래인쇄

투자지능

이지윤 · 하상원 지음

너와숲

금융자본주의 시대의 생존 스킬

금융자본주의, '돈' 연구가 필요하다

인류의 역사는 곧 생존을 위한 투쟁의 연속이었다. 시대의 흐름에 따라 생존을 위한 스킬^{skill}(기술) 역시 변화해왔다. 아주 먼 과거에는 사냥할 수 있는 강인한 체력이, 농업이 주력이던 시기에는 자연의 도움이 중요했던 식이다. 채집과 수렵, 농업과 산업이 주를 이루던 시대를 거쳐 금융을 중심으로 한 이른바 '금융자본주의 시대'를 관통하는 현대 사회는 우리에게 새로운 생존 스킬을 요구하고 있다. 그동안 입에 올리는 것만으로도 속물 취급을 받던 존재, '돈'이 바로 그 주인공이다.

모바일 메신저에 적힌 아파트 이름으로 계급이 나뉘는 새로운 시대에 우리는 아이들에게 무엇을 가르쳐야 할까? 국어, 영어, 수학 등 초등학교부터 고등학교까지의 커리큘럼은 오직 대학 입시를 목적으로 한 내용으로 가득하다. 가장 보편적이어야 할 '경제'라는 과목은 눈을 씻고 봐도 찾아볼 수 없는 현실이다. '역사상 처음으로 부모 세대보다 가난한 세대', '빈부 격차를 피부로 느끼는 첫 번째 세대' 등 우리 아이들에게 씌워진 멍에는 더없이 거칠고 날카롭지만, 교육은 여전히 케케묵은 과거에 머물러 있는 셈이다.

엄혹한 시대를 살아가는 우리 아이들의 생존을 위한 최선이자 유일한 방법은 자산을 불림으로써 삶의 안전망을 두텁게 만드는 것이다. 쥐꼬리만한 월급을 쪼개가며 한 푼 두 푼 돈을 모으는 재미를 느끼는 건 호랑이 담배 피우던 시절의 옛이야기가 되어버린 지 오래다. 돈의 축적이 의무가 돼버린 20~30대, 나아가 우리 아이들에게도 저축이란 자산을 불리기 위한 씨앗을 만드는 과정에 지나지 않는다.

저축만으로는 도저히 도달할 수 없는 하늘 위의 부동산 가격은 차라리 절망의 다른 이름이다. 부동산이 자산의 대부분을 차지하는 것이 일반적인 대한민국의 특성상 집에 대한 갈망 혹은 집착은 어찌 보면 당연하다고 여겨질 정도다.

현재를 살아가는 40대 이상의 성인들은 최근 몇 년간 한 번도 경험해보지 못한 절망의 구렁텅이에 빠진 채 하루하루 그저 숨'만' 쉬며 살아가고 있다. 지나치게 느리고 완만하게 오르는 급여와 달리 집값은 하늘 높은 줄 모르고 수직 상승을 기록하고 있는 까닭이다. 더욱 안타까운 지점은 이러한 어려움이 비단 우리 세대에서 끝나지 않을 거라는 전문가들의 예측이 쏟아지고 있다는 사실이다. 전문가들의 의견을 차치하고라도 지금 우리 아이들이 불과 수천만 원의 연봉을 모아 20억~30억 원에 달하는 아파트를 사는 장면은 상상조차 되지 않는다. 지금보다 더 많은 빚을 지고 사회생활을 시작해야만 하는 세대, 다름 아닌 우리 아이들의 미래다.

금융자본주의 시대의 생존 스킬, 투자지능에 주목하라

이 시대를 살아가는 대다수의 사람들은 비록 방식은 다를지언정 각자 나름대로 투자라는 이름의 자산 증식을 시도하고 있다. 성실과 근면이라는 가치가 결코 풍족한 삶으로 연결되지 않는다는 사실을 몸소 실감했기 때문이다. 이른바 'MZ세대'로 분류되는 우리 아이들 역시 투자 행렬에 동참하는 건 마찬가지다. 주식 투자에 나서는 10대들의 모습은 이제 딱히 대단한 뉴스거리가 아닐 정도다.

《투자지능》은 이 시대를 살아가는 모든 이의 '생존 지침서'이자 우리 아이들의 '경제 교과서'를 지향한다. 투자를 통해 자신의 삶을 개선하고자 한다면 반드시 이 책의 내용을 숙지해야 한다. 하지만 《투자지능》은 투자를 잘하는 방법을 알려주는 책이 아니다. 우리는 살아가면서 수없이 많은 좌절의 순간과 마주친다. 극심한 부의 양극화와 사회적 불평등, 투자에서도 확인할 수 있는 금수저와 흙수저의 차이 등 처음부터 다른 출발선에 수많은 아이의 마음이 꺾이곤 한다. 이렇듯 소위 '잃어버린 세대'라고 불리는 지금 세대에게 '인생 ROI(투자자본수익률)'를 올릴 수 있는 회복 탄력성을 길러주는 것이야말로 이 책과 방송의 공통된 목적이다.

투자는 그 어느 때보다 치열한 경쟁이 벌어지는 금융자본주의 시대에 살아남기 위한 최선의, 그리고 유일한 생존 스킬이다. 금융자본주의 시대에 자산이라는 안전망을 확보하지 못한다면 결코 평범한 일상을 유지할 수 없다. 투자는 자산, 좀 더 직설적으로 '돈'이라는 우리 삶의 안전망을 확보할 수 있는 가장 좋은 방법이다. 부디 이 책을 통해 투자에 대한 인식을 새롭게 함으로써 더 나은 내일을 만들어 나갈 수 있는 발판을 마련하길 바라고 또 바란다.

이지윤(담당 피디)

대국민 투자지능 테스트

IQ, EQ, SQ, FQ……. 시대가 변하면서 다양한 화두가 등장하고 있지만, 우리는 현재 투자가 생존 스킬이 되어버린 시대에 살고 있다. 현시대에 '투자지능'은 선택이 아닌 필수다! 이 같은 분위기에 발맞춰 tvN shift 제작진과 뉴욕주민이 함께 만든 '2022 투자지능 테스트!' 내 투자지능은 과연 어느 정도? 스스로 점검하는 시간을 가져보자.

1.　　나는 현금 (　　　　)억 원은 있어야 부자라고 생각한다.

2.　　나는 재테크를 (　　　　).
　　　한다 | 안 한다

3.　　내가 가장 많이 투자하는 곳은?
　　　주식 | 저금, 적금 | 부동산 | 암호화폐

4. 내가 투자하지 않는 이유는?

    돈이 없다 | 방법을 모르겠다 | 관심이 없다

5. 지난 10년간 높은 수익률을 낸 투자 상품이 있다. 앞으로도 이 상품
    의 수익률은 좋을 확률이 높다.

    그렇다 | 아니다 | 모르겠다

6. 높은 리스크는 높은 수익률을 보장한다.

    그렇다 | 아니다 | 모르겠다

7. 분산투자는 손실 위험을 감소시킨다.

    그렇다 | 아니다 | 모르겠다

8. 주가 차트 분석으로 상승·하락 징후를 미리 포착할 수 있다.

    그렇다 | 아니다 | 모르겠다

9. 대형 증권사를 통해 금융상품에 투자했을 때, 손실이 나면 증권사
    가 책임지고 보상해야 한다.

    그렇다 | 아니다 | 모르겠다

10. 금리가 오르면 채권 가격은 보통 (   ).

    올라간다 | 내려간다 | 유지된다 | 관계없다 | 모르겠다

11. 변동성이 적다는 측면에서, 장기 투자가 단기 투자보다 수익률이 더 안정적이다.

그렇다 | 아니다 | 모르겠다

12. 은행 PB, 증권사 자산관리자들은 자문 서비스의 질과 투자 수익률에 근거해 돈을 받는다.

그렇다 | 아니다 | 모르겠다

13. 일반적으로 부동산 투자가 주식 투자보다 안전하다.

그렇다 | 아니다 | 모르겠다

14. 레버리지 상품은 손실 위험이 크기 때문에 절대 투자해서는 안 된다.

그렇다 | 아니다 | 모르겠다

테스트 응답자
표본 추출 결과와 해설

1. 나는 현금 (   )억 원은 있어야 부자라고 생각한다.

▶ 최근 KB가 조사한 자료에 따르면, 한국 부자들이 생각하는 부자의
    최소 자산 기준은 '총자산 100억 원'으로 나타났다.

2. 나는 재테크를 (한다 76% | 안 한다 24%)

3. 내가 가장 많이 투자하는 곳은?
   주식 60.2% | 저금, 적금 14.5% | 부동산 13.1%
   암호화폐 11.5%

4. 내가 투자하지 않는 이유는?

돈이 없다 72.8% | 방법을 모르겠다 48.5% | 관심이 없다 21.3%

5. 지난 10년간 높은 수익률을 낸 투자 상품이 있다. 앞으로도 이 상품의 수익률은 좋을 확률이 높다.

그렇다 42.6% | 아니다 37.3% | 모르겠다 20.1%

▶ 알 수 없다.

투자에서 가장 지양해야 할 사고 중 하나가 '과거에 그랬으니 앞으로도 그럴 것이다'라는 착각이다. 예를 들어, 르네상스 펀드는 지난 2010년부터 압도적인 수익률을 자랑하다가 2020년부터는 −20%를 넘어서는 처참한 손실을 기록했다.

6. 높은 리스크는 높은 수익률을 보장한다.

그렇다 57.9% | 아니다 38.2% | 모르겠다 3.9%

▶ 아니다.

'고위험 고수익, 저위험 저수익'이라는 말은 인과관계를 뜻하는 것이 아니다. 고위험 고수익 상품은 리스크가 높기 때문에 기대 수익률이 높다는 의미다.

7. 분산투자는 손실 위험을 감소시킨다.

   그렇다 83% | 아니다 9.9% | 모르겠다 2.1%

▶ 그렇다.

8. 주가 차트 분석으로 상승·하락 징후를 미리 포착할 수 있다.

   그렇다 44.6% | 아니다 42.5% | 모르겠다 12.9%

▶ 아니다.

   기업 분석은 크게 두 가지로 나눠볼 수 있다. 펀더멘털 분석과 기술적 분석이 그것이다. 펀더멘털 분석과 기술적 분석(차트 분석)은 미래 주가를 예측할 수 없으며, 합리적인 투자 판단을 위한 도구일 뿐이다.

9. 대형 증권사를 통해 금융상품에 투자했을 때, 손실이 나면 증권사가 책임지고 보상해야 한다.

   그렇다 | 아니다 | 모르겠다

▶ 아니다.

10. 금리가 오르면 채권 가격은 보통 (   )

올라간다 68.2% | 내려간다 21.8% | 유지된다 5.1%

관계없다 3.3% | 모르겠다 1.6%

▶ 내려간다.

금리가 오르면 이자율이 더 높은 채권이 새로 발행된다. 현재 채권
수익률이 상대적으로 낮다면 당연히 채권 가격은 하락한다.

11. 변동성이 적다는 측면에서, 장기 투자가 단기 투자보다 수익률이
더 안정적이다.

그렇다 72.9% | 아니다 22.9% | 모르겠다 4.1%

▶ 그렇다.

12. 은행 PB, 증권사 자산 관리자들은 자문 서비스의 질과 투자 수익률
에 근거해 돈을 받는다.

그렇다 50.3% | 아니다 35.9% | 모르겠다 13.8%

▶ 미국에서도 오답률 1위를 기록한 질문으로, 정답은 '아니다'.

은행 PB, 증권사 자산 관리자들은 사람들에게 상품을 팔기만 하면
매매에 대한 수수료, 상품 판매 수익을 얻는다. 그들이 제공하는 서
비스의 질이나 투자자들의 수익률과는 전혀 상관없다.

13. **일반적으로 부동산 투자가 주식 투자보다 안전하다.**

     그렇다 54.9% | 아니다 35.0% | 모르겠다 10.1%

▶ 아니다.

   특정 자산에 대한 투자가 안전하다고 단언할 수 없다.

14. **레버리지 상품은 손실 위험이 크기 때문에 절대 투자해서는 안 된다.**

     그렇다 16.3% | 아니다 69.6% | 모르겠다 14.1%

▶ 아니다.

   손실 위험이 큰 것은 맞지만, 절대 투자해서는 안 된다는 뜻은 아니다.

차례

금융자본주의 시대, 투자지능을 쌓아라

우리는 금융자본주의 시대에
살고 있다

새로운 시대의 생존 기술, '금융'에 주목하라

눈부신 경제 성장을 대변하는 '산업혁명'이 이제는 고사(枯死)가 돼버린 시대. 오늘날 세계 경제는 '금융자본주의'를 중심으로 재편을 마친 지 오래다. 좋은 물건을 만들어 최대한 이윤을 붙여 판매함으로써 돈을 벌던 산업자본주의에서 이제는 자본 자체를 경제적 수단과 목적으로 하는 금융자본주의로 무게추가 이동된 것이다.

금융자본주의의 역사는 무려 110년의 세월을 헤아릴 정도로 깊고 길다. 독일 마르크스주의 경제학자인 루돌프 힐퍼딩Rudolf Hilferding은 지난 1910년 《금융자본론》에서 자본주의가 자유경쟁이 지배하는 산업자본주의 단계에서 은행과 산업자본의 융합에 따른 금융자본주의 단계로 변화하고 있다고 설명했다.

물론 현재 경제학에서 널리 인용되는 금융자본주의와 힐퍼딩의 주장은 다소 맥락이 다르다. 현대 금융자본주의는 제품의 생산 및 판매에서 거두는 이득보다 금융상품의 거래를 통한 수익의 규모가 더 크다는 의미와 함께 금융시장이 세계화되고 있는 현대 경제의 특징을 가리키는 개념으로 새롭게 정의됐다.

'금융, 金融, finance'. 각기 언어는 다르지만, 이들 모두는 '이자를 받고 자금을 융통해주는 것'이란 의미를 품고 있다. 즉, 금융자본주의에서는 은행 같은 금융기관에서 돈을 빌려 이를 기반으로 투자나 사업 등을 통해 수익을 창출해내는 경제 활동이 주를 이룬다.

현시대의 경제 시장에서 '금융'이라는 키워드는 예외불가적 성격을 갖고 있다. 개개인의 경제 활동은 말할 것도 없고 수많은 산업 분야를 아우르는 기업들의 크고 작은 활동, 심지어 국가 운영까지도 금융을 기반으로 성립되는 까닭이다.

사실 금융은 그리 거창한 게 아니다. 갈증을 달래기 위해 편의점에서 1000원짜리 생수를 구입하고 신용카드로 그 값을 치르는 것도 금융이고, 급하게 돈이 필요해서 친구에게 일정 금액 돈을 빌리는 행위 또한 금융 활동이다.

차세대 혁신 기술을 개발하기 위한 사업자금을 마련하는 전통적 금융 활동을 비롯해 최근 수년간 전 세계를 휩쓸고 있는 암호화폐발 투자 광풍과 10대들마저 한 푼 두 푼 코 묻은 용돈을 모아 뛰어들 정도로 뜨거운 활황세를 보이는 주식시장, 마치 천장이 없는 듯 연일 무서운 상승세를 기록하고 있는 부동산 시세 등 우리 사회에 금융자본주의가 도래했음을 알려주는 증거들은 수없이 많다. 이렇듯 개인부터 기업과 국가까지 금융자본주의는 분야와 규모를 가리지 않는다.

우리가 실감하지 못하고 있지만, 금융 혹은 금융자본주의는 우리의 일상 곳곳에 스며들어 있다. 특히 최근에는 남녀노소를 가리지 않고 자산증식에 대한 관심이 점차 높아지면서 금융을 전제로 한 투자가 횡행하고 있는 상황이다. 이미 금융자본주의를 중심으로 한 경제 활동이 활발하게 진행되고 있는 것이다. 당연한 얘기지만 금융자본주의의 핵심은 '금융'이다. 금융을 얼마나 잘, 그리고 얼마나 현명하게 이용하느냐에 따라서 개인은 부자가 되고 기업은 성장하며 국가는 강성해진다. 금융에 대한 깊은 이해가 반드시 필요한 시대. 우리는 금융자본주의의 한복판을 관통하는 중이다.

우리의 일상 또한 금융과 함께 동고동락하고 있다. 몇 년 전부터 필자와 지인들이 만나서 대화를 나눌 때 가장 큰 지분을 차지하는 주제는 다름 아닌 '돈'이다. 어느 누가 주식에 투자했다가 '대박'을 쳤다거나 현재 보유하고 있는 아파트가 몇 억 올랐다는 등 구체적인 사례마저 심심치 않게 등장한다. 흔하디흔한 일상에서조차 금융의 존재감을 확인할 수 있는 지점이다.

이러한 대화는 때로 치열한 논쟁이나 편 가르기로 이어지기도 한다. 수년 전 모두의 우려에도 불구하고 소위 '영끌'로 아파트를 매수한 한 친구가 10억 원에 가까운 차익을 기록했다는 얘기를 전하자 마치 찬물을 끼얹은 듯 모임의 분위기가 얼어붙었던 기억이 생생하다.

한 기사에 따르면 암호화폐 투자로 '조 단위 부자'가 된 사람의 수가 국내
에서만 어림잡아 10여 명에 이른다고 한다. 오늘의 100원이 내일의 1만
원, 5만 원이 되는 금융 격변의 시대에 과감하게 승부수를 던진 소수의 인
원이 승자독식의 혜택을 고스란히 획득한 것이다.

분명히 말하지만, 이 책은 어찌 됐든 돈만 불리면 그만이라며 무분별한 투기를 권장하거나 돈이 최고라는 황금만능주의를 설파하기 위해서 쓰인 게 아니다. 그저 '지피지기면 백전백승'이라는 말마따나 금융자본주의의 태풍에서 살아남기 위해서는 시대의 화두인 금융에 대한 올바른 이해가 전제돼야 함을 전하는 데 그 목적이 있다.

현시대의 키워드인 금융의 중요성을 가장 진하게 확인할 수 있는 분야는 바로 '부동산'이다. 대한민국 경제의 역사에서 부동산은 결코 빠질 수 없는 핵심 요소다. 서민부터 재벌까지, 우리나라 국민이라면 누구나 부동산에 관심을 가질 수밖에 없기 때문이다.

앞서 언급했듯, 최근 부동산이라는 단어는 점차 '금기어'에 가까워지는 분위기다. 불과 4~5년 사이에 서울의 주요 아파트 가격은 2배 이상 급상승했다. 심지어 대한민국 부동산의 상징인 강남의 경우, 수십억 원의 웃돈이 붙은 아파트를 흔하게 볼 수 있을 정도다. 이렇듯 역사상 유례없는 '부동산 폭주 시대'에 수년 전 아파트를 구입한 사람들은 이른바 '벼락부자'가 된 반면, 그렇지 못한 이들은 하루아침에 '벼락거지'가 돼버렸다. 눈에 보이지는 않지만 유주택자와 무주택자 사이에 결코 건널 수 없는 현실판 삼도천이 흐르게 된 것이다.

금융을 올바르게 이해하고 현명하게 활용한 이들과 그렇지 못한 이들의 차이는 지금 이 순간에도 한없이 벌어지고 있다. 금융자본주의 시대에 생존하기 위한 최소한의 조건이 '금융'에 귀결됨을 방증하는 사례다.

올바른 투자의 기준, 금융 공부가 필수인 이유

순간의 선택이 삶의 근간을 뒤흔드는 혼돈의 시대. 어느 누구는 승자가 되어 부를 독식하고 어느 누구는 패자가 되어 당장 내일의 삶을 걱정하게 된다. 과연 이러한 차이는 어디서 비롯되는 것일까? 수억 원에서 수십억 원을 호가하는 부동산을 온전히 내 돈으로 매수하는 경우는 극히 드물다. 부동산 거래에 있어 형태 혹은 방식의 차이가 있을 뿐, 일정 비율의 대출을 일으켜 매수하는 경우가 일반적이다.

이렇듯 금융과 부동산, 투자와 삶이 교차하는 시장에서의 승자는 명명백백하다. 과감한 결단으로 한계치까지 부채를 일으켜 내 집 마련에 나선 이들은 안도의 한숨을 내쉬는 반면 부동산 매입 타이밍을 놓친 사람들은 천정부지로 치솟는 집값에 후회와 절망의 한숨을 내뱉는다. 부동산 매입과 유보. 인생에서 만나는 수많은 갈림길 중 하나일 뿐이지만, 그 결과는 우리 삶 전체를 뒤바꿔놓을 만큼 극적이다.

이러한 현실은 실제 수치를 통해서도 확인할 수 있다. 지난해 말 조사한 서울 아파트 중위 가격은 10억 8000만 원으로, 1년 전 9억 3510만 원에 비해 1억 5000만 원가량 증가한 것으로 나타났다. 1억 5000만 원, 한 달에 100만 원씩 저축한다고 가정했을 때 무려 12년 6개월이 지나야 모을 수 있는 금액이다. 단순히 아파트 구매 여부에 따라 삶의 방향마저 달라지는 셈이다.

다시 한 번 생각해보자. 왜 이런 극단적인 차이가 발생하는 것일까? 여러 가지 이유가 있겠지만 필자는 가장 먼저 '금융'에 대한 인식 차이를 꼽

고 싶다. 남보다 한 발 앞서 금융자본주의의 본질을 깨달은 이들은 금융
기관을 통한 레버리지를 적극적으로 활용함으로써 자산을 형성하는데 성
공했다. 하지만 금융, 조금 더 직설적으로 표현하면 '빚'에 무조건적 거부
감을 갖고 있는 이들은 한없이 멀어지는 부동산이라는 이름의 버스를 바
라볼 수밖에 없었다.

　금융자본주의 시대에 금융의 적절한 활용은 선택이 아닌 필수다. 30여
년 전 우리네 아버지처럼 우직하게 근로소득을 모아 집을 사고 가정을 유
지하는 것은, 말 그대로 과거의 유산에 불과하다. 몇 년 전 선풍적인 인기
를 끈 드라마 〈응답하라 1988〉에는 은행에 다니는 아버지가 금리 17퍼
센트짜리 예금 통장을 만드는 장면이 나온다. 불과 30여 년 전에는 은행
에 돈을 맡기는 것만으로도 연간 20퍼센트에 가까운 고수익이 보장됐다.
고금을 막론하고 연간 17퍼센트의 수익률을 올리는 것은 차라리 기적에
가깝다. 물론 단기적으로는 17퍼센트의 수익을 올리는 것이 가능할지 모
르지만, 10년 혹은 20년 이상 꾸준히 이 같은 수익률을 유지하는 건 실현
하기 어려운 목표다.

　연간 평균 수익률이 20퍼센트 안팎인 워런 버핏Warren Buffett이 세계 최고
의 부자 반열에 오른 이유는, 그 같은 수익률을 무려 50년 이상 유지하는
데 성공했기 때문이라는 사실은 우리에게 많은 이야기를 전해준다. 워런
버핏이 부자가 될 수 있었던 건 수십, 수백 퍼센트의 비현실적 수익률을
기록해서가 아니다. 세계적인 부자의 반열에 오를 만큼 엄청난 부를 축적
한 워런 버핏은 오래전부터 강의와 책, 인터뷰 등을 통해 자신의 투자 노
하우를 사람들에게 전하기 위해 노력하고 있다. 수십억 달러, 우리 돈으

로 조 단위 이상의 자본을 굴리는 그가 가장 강조하는 투자의 원칙은 다름 아닌 '꾸준함'이다.

오마하의 현인, 워런 버핏

20세기를 대표하는 투자자의 한 사람인 워런 버핏은
2017년 현재 811억 달러(한화 88조 원)의 자산을 보유한 세계 4위 부자다.
어렸을 때부터 껌이나 콜라, 주간신문 등을 팔며 경제에 눈을 뜬 버핏은
11살 때 누나와 함께 100달러를 모아 주식 투자를 하기 시작했다.
26살 이후 고향인 오마하를 벗어나지 않고 성공적인 투자 활동을 이어온 그는
주식시장의 흐름을 누구보다 정확히 뚫는 눈을 가졌다 하여
'오마하의 현인'이라는 별명을 얻었다.
가치투자의 창시자인 벤저민 그레이엄의 영향을 받아 기업의 내재가치와 성장률에 주목해
우량 기업의 주식을 장기 보유하는 가치투자 방식을 고수하는 것으로 유명하다.
버핏은 부를 쌓는 데뿐만 아니라 이를 나누는 데도 독보적인 행보를 보여왔다.
2006년 자신의 재산 중 85%를 사회에 환원하기로 약속하는 등
기부 활동을 적극적으로 펼치고 있다. 2000년부터 매해 그와의 점심 식사가 경매에 부쳐져
사람들의 화제에 오르내리고 있는데, 낙찰자는 그와 함께 식사를 하며 버핏의 인생과 투자 철학,
투자에 관한 조언을 듣는데 기꺼이 수십억 원을 지불한다.
2020년에는 암호화폐 트론의 창업자 저스틴 선이
무려 465만 달러(한화 54억 원)를 버핏과의 점심식사에 지불해
화제가 되기도 했다.
버핏은 그 돈을 늘 자선단체에 전액 기부하고 있다.
버크셔 해서웨이의 CEO 겸 회장인 버핏이
매해 연차보고서에 쓰는 주주 서한은 세계 투자자들의
필독서로 꼽힐 정도로 그는 전 세계 투자자들의 멘토로
지금도 여전히 활발하게 활동하고 있다.
버핏은 적절한 기업에 투자해서 오랫동안 주식을 갖고 있는
복리의 중요성을 강조한다. 또한 "잃지 않는 것이
가장 중요한 투자 원칙이며 이 원칙을 잊어버리지 않는 것이
두 번째로 중요한 원칙"이라는 유명한 말을 했다.

🔍 워런 버핏 꾸준한 수익률

좋은 투자, 그리고 좋은 투자자는 높은 수익률이 아니라 꾸준한 수익률을 기록할 수 있느냐로 판단해야 합니다. 근거가 부족하거나 원칙 없는 무리한 투자로 높은 수익률을 얻는다면 그것은 도박이나 마찬가지입니다. 좋은 투자자가 되기 위해서는 뚜렷한 소신과 흔들리지 않는 원칙으로 안정적인 수익률을 낼 수 있는 포트폴리오를 만들기 위해 고민해야 합니다.

컬럼비아대 강연 중

'○○코인 하루 만에 500배 상승', '○○아파트 6개월 만에 시세 10억 원 상승', '○○기업 주식가치 50배 상승' 등 연일 언론 매체를 통해 쏟아지는 놀라운 성공 신화는 대한민국 청춘들 사이에 불어 닥친 투자 광풍을 주도하고 있다. 수많은 청년이 소위 '한 방'을 외치며 도박과 다름없는 투자를 이어가는 현실을 바라보고 있자면 새삼 입맛이 씁쓸해진다.

더욱 심각한 건 청년들의 이 같은 도박이 대부분 새드 엔딩 Sad Ending 으로 끝난다는 사실이다. 나날이 고공행진을 거듭하는 집값에 절망한 신혼부부가 조금이라도 결혼 자금을 불려보고자 그동안 모았던 저축을 몽땅 암호화폐에 투자했다가 원금의 90퍼센트 이상을 허공에 날려버렸다는 기사가 더 이상 남의 이야기가 아닌 것이다.

그들이 성급하게 투자에 뛰어드는 이유는 '절박함' 때문이다. 지금 당장 집을 사지 않으면, 지금 당장 주식 투자를 시작하지 않으면, 지금 당장 암호화폐에 관심을 갖지 않으면, 현재 위치에서 영영 벗어나지 못할지도 모른다는 불안감이 그들을 맨몸으로 전쟁터에 나서도록 강요하고 있는 것이다.

이미 뒤처졌다는 조급함에 사로잡힌 이들에게 '급할수록 돌아가라'는 케케묵은 속담이 썩 와닿지 않으리라는 사실 또한 절절하게 실감한다. 하지만 도박이나 다름없는 무원칙 투자의 결과가 그다지 좋지 않을 수밖에 없다는 점을 감안하면 이들의 남은 삶이 더욱 팍팍해질 것임은 불문가지일 터다. 모든 일에는 순서가 있듯, 금융자본주의에 대한 근본적인 이해가 수반되지 않는다면 결코 올바른 투자를 할 수 없다. 자신의 소득에 따른 적절한 부채비율을 설정해 합리적인 수준의 투자를 병행함으로써 현재와 미래를 두루 대비해야 한다.

사실 '올바른 투자'의 정답은 그 누구도 제시할 수 없다. 대기업 총수와 일반 직장인을 같은 선상에 놓고 갈음할 수 없는 까닭이다. 때문에 우리는 조급함을 잠시 내려놓고 체계적인 금융 수업을 통해 스스로 자기자신에게 맞는 올바른 투자 기준을 정립해 나가야 한다. 지금 자신의 상황에 맞는 투자 방식과 방법을 조율함으로써 현재보다 한 뼘 더 성장하는 미래를 그려 나간다면, 치열한 금융자본주의 시대의 선도자로서 삶의 풍요로움을 누릴 수 있을 것이다.

필자 역시 앞으로의 삶에 있어 투자는 반드시 필요하다는 의견에 동의한다. 앞으로의 세대는 평생에 걸쳐 때로는 투자와 싸우고, 때로는 투자와 협업하는 동반자 관계를 이어갈 것이다. 국어, 영어, 수학으로 대변되는 현재의 필수 과목 목록에 조만간 '투자' 혹은 '금융'이라는 이름의 과목이 추가되리라는 확신을 가져본다.

필자는 2022년 새해를 맞이한 후 곧바로 이 책의 집필을 시작했다. 한 자 한 자 글자를 눌러쓰면서 담고 싶었던 메시지는, 방송과 마찬가지로 이 책을 읽는 독자들이 치열한 투자의 시대에 살아남기 위한 '투자지능'의 중요성을 깨닫길 바란다는 것이다. 부디 이 책을 통해 독자들이 하루라도 빨리, 그리고 올바른 방식으로 투자지능을 살찌울 수 있길 간절히 소망한다.

돈과 욕망

불안의 소용돌이

투자 시대의 새로운 생존 공식,
'투자지능＝생존지능'

투자지능이란 무엇인가?

1980～1990년대 대한민국에는 지능지수를 일컫는 IQ^{intelligence quotient} 열풍이 불었다. 높은 IQ 수치가 곧 우수한 학업 성적과 성공의 지표가 된다고 믿었던 시대. 하지만 이후 각종 연구 결과를 통해 IQ가 결코 학업 및 성공을 보장해주지 않는다는 사실이 밝혀졌다.

　IQ의 시대가 저물고 2000년대 들어 피터 샐로베이^{Peter Salovey}와 존 메이어^{John Mayer}가 이론화한 EQ^{emotional quotient}, 즉 감성지수가 새로운 화두로 등장했다. 정서적인 면에서의 올바른 성장을 전제로 인격을 형성한 아이는 보다 단단한 자아를 토대로 사회적 성공을 거둘 확률이 높다는 주장이었다. 물론 이 역시 성공과의 직접적인 인과관계를 객관적으로 증명해내는 데는 실패했다.

자아실현, 명예, 행복 등 사람들이 꼽는 성공의 목표는 지극히 다양하다. 하지만 금융자본주의 시대의 한복판을 관통하는 현재 우리의 상황에서 성공에 대한 가장 간결하고 우선적인 척도는 다름 아닌 '부의 크기'로 귀결되는 경향이 짙다. 물론 돈이 삶의 수많은 요소 중 최고의 가치를 갖는다는 의미는 아니다. 다만 자유경제주의를 근간으로 하는 우리나라에서는 삶의 기본적인 안전망으로서 일정 수준 이상의 경제력을 반드시 갖춰야 한다는 인식이 강하게 자리 잡고 있는 게 사실이다. 특히 최근 빈익빈부익부 현상이 심화되는 추세 속에서 '부의 축적'을 목적으로 한 사람들의 투자 러시는 점차 가속화되고 있다.

'세계 3대 투자자' 중 한 사람으로 꼽히는 짐 로저스Jim Rogers 역시 금융자본주의 시대를 살아가는 현대인에게 있어서 투자는 선택이 아닌 필수라고 강조한다.

🔍 **짐 로저스** 투자도 공부해라

모든 사람이 반드시 투자해야 한다는 규정은 어디에도 존재하지 않습니다. 본인이 원한다면 예언가가 되거나 신부의 길을 택할 수도 있죠. 하지만 더 나은 삶을 원하는 대다수 인간의 욕망을 해결하기 위해서는 결국 투자라는 수단을 선택할 수밖에 없는 게 현실입니다. 성공적인 투자가 이뤄진다면 자신의 현재 상황을 개선하고 가족, 친척, 친구들과 함께 조금 더 풍요롭고 여유로운 삶을 누리며 살게 될 것입니다.

중요한 지점은 '올바른 혹은 성공적인 투자를 위한 준비'입니다. 예를 들어서 내일 수학 시험을 보는데, 지금 물리 과목을 공부한다면 좋은 점수를 기대할 수 있을까요? 투자도 마찬가지입니다. 투자라는 과목에서 높은 점수를 받기 위해서는 그에 맞는 공부가 병행돼야 합니다. 소위 IQ라고 불리는 지능지수가 아닌 투자에 특화된 지능지수, 즉 투자지능(투자지수)이 필요한 시대입니다.

똑똑한 사람들의 모임으로 유명한 세계에서 가장 규모가 크고 역사가 오래된 멘사^{Mensa}의 최소 가입 기준은 IQ 148 이상이다. 다시 말하면 어떤 카테고리 안에 들어가기 위해서는 최소한의 조건을 충족시켜야 한다. 그렇다면 많은 이가 꿈꾸는 '부자'라는 목표에 도달하기 위해서는 어떤 조건이 필요할까?

　금융자본주의 시대를 살아가는 이들이 부자에 이르기 위한 가장 좋은 수단이 '투자'라는 건 이미 수차례 언급했다. 그렇다면 이제 관건은 투자를 성공적으로 수행하는 방법이다. 바로 이때 필요한 최소한의 필요·필수조건이 바로 짐 로저스가 강조한 '투자지능'이다.

투자의 귀재, 짐 로저스

워런 버핏, 조지 소로스와 함께 세계 3대 투자의
대가로 꼽히는 짐 로저스는
1987년 블랙 먼데이, 2000년대 초반의 닷컴 버블,
2007년의 서브프라임 모기지 사태 등
주요 경제 위기를 경고해 예언자라는 별명을 얻기도 했다.
조지 소로스와 함께 퀀텀 펀드를 공동 설립한 로저스는
1970~1980년 스탠더드&푸어스가 47%의 수익률을
기록하는 동안 무려 4200%라는 경이적인 수익률을 기록하며
세계적인 투자자의 반열에 올랐다.
1980년 겨우 서른일곱의 나이에 은퇴를 선언한 이후
모터사이클을 타고 세계 여행을 하고 이후 자동차를 타고
다시 세계 일주에 나섰는데 이 두 번의 여행이
모두 기네스북에 오르기도 했다.

🔍 짐 로저스 투자 공부는 평생의 과제

현대 사회는 투자를 배우기에 너무나 유리한 조건을 갖고 있습니다. 방송, 신문, 잡지, 책, 강의, 심지어 친구와의 대화에서도 투자는 빠지지 않고 등장하는 주제이기 때문입니다. 그저 아침에 커피 한 잔을 마시면서 주변 사람들의 이야기에 귀를 기울이는 것만으로도 훌륭한 투자 공부가 됩니다.

많은 사람이 제게 '투자지능'을 높이는 방법을 물어보고는 합니다. 마치 무언가 대단한 비법을 숨겨놓은 것 같다는 듯 말이죠. 하지만 투자지능이라는 건 결코 하늘에서 뚝 떨어지지 않는다는 사실을 기억해야 합니다. SAT(미국의 대학입학 자격시험)에서 높은 점수를 받는 학생들이 하루아침에 그 모든 지식을 습득했을까요? 10년 이상의 노력이 반영된 결과입니다. 하물며 평생을 공부해야 하는 투자라는 과목의 성패를 판가름하는 관련 지식의 학습은 어떨까요? 저 역시 80이 넘은 지금까지도 새로운 분야에 대한 공부를 게을리하지 않습니다. 투자지능을 높이기 위한 투자 공부는 죽는 그 순간까지 계속해야 합니다.

세상에 'IQ 얼마 이상은 무조건 연봉 1억'이라는 공식이 존재하지 않듯, 투자지능이 갖춰졌다고 해서 반드시 성공으로 연결되는 것은 아니다. 하지만 짐 로저스를 비롯한 수많은 전문 투자자가 투자지능이 전제되지 않은 투자는 결코 성공적인 결과로 이어질 수 없다는 사실을 강조한다. 즉, 투자지능을 쌓으려는 노력이 선행되지 않는다면 그것은 투자가 아닌 투기 혹은 도박이나 마찬가지라는 의미다.

그렇다면 투자지능을 키우는 방법은 무엇일까? 짐 로저스가 말했듯, 투자라는 과목은 학습 범위가 광범위하다. 예를 들어, 내가 부동산 투자를 하기로 결심했다면 입지 분석, 부동산 시장의 흐름, 해당 부동산의 성장 가능성, 세금 및 중개 수수료, 위험에 대한 헤지(대비책) 등 다수의 세부 항목에 대한 깊은 공부가 병행돼야 한다. 주식 투자 역시 마찬가지다. 대차대조표와 재무제표를 해석할 수 있는 기술적 지식은 물론 전반적인 경제 흐름에 대한 거시적인 분석과 기업의 미래 성장성에 대한 예측같이 단순한 지식 이상의 투자지능이 필요하다.

투자를 통해 자산을 불리고 싶다면 지금 당장 도서관으로 달려가 눈에 보이는 경제 관련 서적들을 분야별로 최소한 열 권 이상 읽어보세요. 독서를 통해 그동안 생소했던 경제 용어와 친구가 되고 투자라는 과목에 조금씩 익숙해지세요. 그 후 자신이 가장 관심 있고 좋아하는 투자가 무엇인지 찾는 여정을 떠나야 합니다. 자신의 목표가 안락한 노후를 보낼 집을 마련하는 것이라면 부동산 투자에 집중하세요. 지금 사용하는 스마트폰이 만족스럽다면 스마트폰 회사의 주식을 구입함으로써 함께 성장할 수도 있겠죠. 예술 감각이 탁월하다면 가치를 제대로 인정받지 못한 미술품이나 골동품을 구입해도 좋을 겁니다. 그렇게 자신만의 전문 영역을 확보하고 이를 발전시켜 나가다 보면 어느새 특정 분야에서 독보적인 지식과 경험을 가진 투자 전문가로 거듭날 겁니다. 너무 초조해하지 마세요. 당신은 이제 막 투자라는 과목을 배우기 시작한 어린아이일 뿐입니다. 20년 혹은 그 이상 꾸준히 공부해 나가며 점차 투자지능을 높여야 한다는 사실을 반드시 기억하길 바랍니다.

이쯤에서 강조하고 싶은 점은 특정 인물의 방식을 그대로 답습하는 행보는 경계해야 한다는 것이다. 짐 로저스나 워런 버핏과 똑같은 길을 걷는다고 해서 그들과 동일한 결과가 나온다는 보장은 그 어디에도 없다. 오히려 시대적 배경이 달라진 현재에는 과거 그들의 투자 방식이 독으로 작용할 확률이 매우 높다.

사실 필자의 이런 얘기는 그저 당연한 말의 반복일 뿐이다. 과거 어느 때보다 투자에 익숙한 현대인들에게 필자의 서술은 누구나 알고 있는 투자의 가장 기본일 따름이다.

그럼에도 불구하고 대한민국의 대다수 국민은 마치 불나방처럼 투자가 아닌 투기에 몸을 던지고 있다. 이러한 투기 행위에 있어 충분한 사전준비를 기대하는 것은 어불성설일 터. 자신의 삶을 걸고 도박에 나선 이들의 결론이 대부분 새드 엔딩으로 마침표를 찍는 경우가 흔하디흔한 이유다.

투자를 대하는 자세가 신중해야 한다는 건 누구나 아는 상식이다. 하지만 '아는 것'과 '실천에 옮기는 것' 사이에는 태산과 같은 벽이 존재한다. 자신이 아는 것을 그대로 실천에 옮길 수 있다면 실패 확률이 대폭 줄어들겠지만, 당장이라도 부자가 되고 싶은 '욕심'이 수많은 이를 투자가 아닌 투기 혹은 도박에 나서게 하고 있다.

정리하면, 투자지능은 평생에 걸쳐 조금씩 성장시켜 나가야 하는 삶의 동반자다. 또한 이론적 지식을 습득하는 것과 실질적 투자 행위를 기반으로 한 경험을 교차·반복해 쌓아가면서 자신에게 최적화된 학습 방식을 찾아 나가야 한다. 이 책을 읽는 독자들만큼은 초조한 마음만 앞선 투자

는 결코 성공적인 투자로 이어지지 않는다는 사실을 직접 경험하는 어리
석은 길을 밟지 않길 바라 마지않는다.

생존을 위한 선택, '투자'

금융자본주의가 점차 심화되는 추세 속에서 개인의 가장 기본적인 경
제 활동의 결과물인 근로소득은 더 이상 성공을 담보하는 효과적인 방
법이 아님이 증명되고 있다. 연봉 3400만 원을 받는 근로자가 서울에서
83m²(약 25평) 아파트를 구입하려면 말 그대로 '숨만 쉬면서' 36년 동
안 급여를 모아야 하는 암담한 현실이다. '벼락거지'라는 자조적 신조어
가 한숨과 뒤섞여 터져 나온다. 심지어 이러한 산술적 계산도 어디까지나
현재의 집값이 고정적이고, 정년까지 퇴사당하는 일 없이 직장 생활을 할
수 있는 상황이 전제돼야 한다. 그러나 임금 상승률을 아득히 뛰어넘는
부동산 가격 상승률을 고려할 때, 근로소득만으로는 평생 내 집 마련조차
할 수 없을 확률이 높다.

실제로 국내 모 일간지가 조사한 바에 따르면 국민 4명 중 3명이 '근로
소득으로는 자신이 원하는 수준의 자산을 축적할 수 없다'고 답했다. 차
곡차곡 월급을 모아 자산을 증식했던 우리네 부모 세대와는 확연히 달라
진 근로소득에 대한 인식을 확인할 수 있는 대목이다.

한 가지 짚고 넘어가야 할 부분은 대다수 국민이 원하는 부자의 기준이

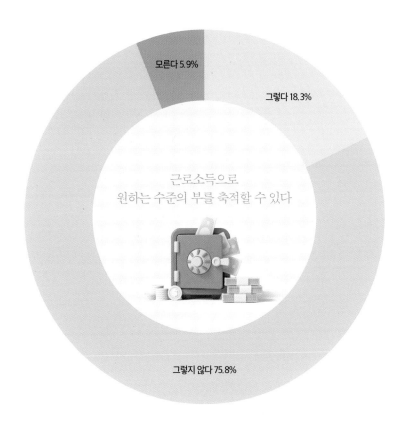

모른다 5.9%

그렇다 18.3%

근로소득으로
원하는 수준의 부를 축적할 수 있다

그렇지 않다 75.8%

전혀 허무맹랑한 수준이 아니라는 점이다. 영화 속 전용기를 탄 재벌의
삶을 꿈꾸는 것이 아니라 그저 안정적인 삶을 영위할 수 있는 최소한의
자산을 갖고자 바랄 뿐이다. 매달 정기적으로 주거 관련 비용을 지출하지
않고, 가족끼리 종종 외식을 하거나 여행을 떠날 수 있는 '평범한 일상'을
유지하고 싶어 하는 게 대다수 국민의 현실적인 목표다.

하지만 과거와 달리 이제는 이 '평범한 일상'을 영위하는 것조차 힘겨운 현실이다. 한국장학재단에 따르면 우리나라 학자금 대출 규모는 2019년 기준 1조 8300억 원에 이르는 것으로 나타났다. 1조 2000억 원이 조금 넘는 전문직 대출보다 훨씬 큰 규모다. 쉽게 말해 대학 졸업생 중 대다수는 졸업과 동시에 손에 쥐어보지도 못한 금액의 돈을 '빚'이라는 이름으로 양 어깨에 짊어진 채 사회에 진출하는 셈이다.

조금 더 자세히 살펴보자. 대학 졸업생 10명 중 8명은 1500만 원 이상의 학자금 대출을 받고, 평균 상환 기간은 5년 6개월이라고 한다. 심각한 점은 대학 졸업자가 학자금 대출을 갚지 못한 탓에 신용불량자가 되는 경우가 크게 늘어나 무려 1만 명 이상에 이른다는 사실이다. 갈수록 좁아지는 취업문 앞에서 수많은 청년이 삶의 의욕마저 잃어가고 있다. 18~29세 젊은이들의 학자금 대출이 1980년대에 비해 10배 이상 늘어난 현실에서 '대학교를 졸업하는 순간, 빚쟁이로 사회생활을 시작해야 한다'는 한탄이 더 이상 공허한 푸념으로 들리지 않는 이유다.

아직 대학교에 재학 중인 학생들이라고 해도 사정은 크게 다르지 않다. 대학 재학생 4명 중 1명은 '학자금 대출'을 비롯해 갚아야 할 빚이 있는 것으로 조사됐다. 알바천국이 대학생 572명을 대상으로 조사한 바에 따르면 응답자의 24.3퍼센트가 부채를 지고 있는 것으로 나타났다. 복수응답을 허용한 구체적인 빚 사용처에 대한 질문에 학자금 대출이 64퍼센트로 가장 높은 비율을 차지했고, 이어 각종 생활비 41.7퍼센트, 개인 용돈 23퍼센트, 주거비 19.4퍼센트, 기타 15.8퍼센트 순으로 조사됐다.

더욱 큰 문제는 이러한 현실을 타개하기 위한 다음 선택지가 그리 현명하지 못하다는 데 있다. 암호화폐를 선봉장으로 '원수에게도 권하지 않는

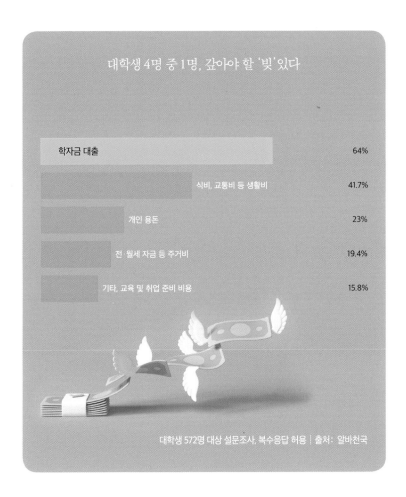

대학생 4명 중 1명, 갚아야 할 '빚' 있다

학자금 대출	64%
식비, 교통비 등 생활비	41.7%
개인 용돈	23%
전·월세 자금 등 주거비	19.4%
기타, 교육 및 취업 준비 비용	15.8%

대학생 572명 대상 설문조사, 복수응답 허용 | 출처: 알바천국

다'는 주식선물 투자, 출처가 불분명한 정보에 기대 미상장 주식을 풀매수하는 등 자신의 삶을 반전시키기 위한 청년들의 몸부림은 차라리 처절하다는 표현이 어울릴 정도다.

증권사의 연령대별 신용거래대출 현황

단위: 백만 원

연도	2017년		2018년	
연령대	신규 대출액	잔액	신규 대출액	잔액
만 19세 이하	43,219	2,325	36,057	1,483
만 20~30세	**2,943,740**	**166,824**	**3,824,679**	**331,565**
만 30~40세	**20,640,970**	**1,455,179**	**26,902,667**	**1,383,633**
만 40~50세	39,297,099	3,114,939	53,568,114	3,005,965
만 50~60세	35,380,495	3,164,908	48,357,861	3,069,152
만 60~70세	13,585,153	1,487,759	18,835,483	1,396,080
만 70세 이상	3,941,438	449,965	5,055,445	397,318
총계	115,832,113	9,841,900	156,580,305	9,585,197
청년 합계	23,627,929	1,624,328	30,763,403	1,716,681

아직 제대로 영글지 못했음에도 불구하고 투자에 뛰어드는 밀레니얼 세대의 초조함은 통계를 통해서도 확인할 수 있다. 지난해 1분기 코인 거래소 신규 가입자는 250만 명에 이르는데, 이 중 63.5퍼센트의 지분을 20~30대가 차지하고 있다. 또 다른 통계에서는 직장인 10명 중 4명이 '현재 암호화폐에 투자하고 있다'고 답했다. 암호화폐에 투자하는 이유를 묻는 질문에는 '소액으로 큰돈을 벌 수 있을 것 같아서', '월급만으로는 목돈 마련이 어려워서' 등과 같은 답변이 50퍼센트를 넘은 것으로 나타났다.

2019년		2020년		2021년 2분기 말	
신규 대출액	잔액	신규 대출액	잔액	신규 대출액	잔액
44,370	1,248	61,026	2,910	37,387	2,595
4,435,109	162,428	9,436,496	518,590	7,158,504	542,135
27,802,400	1,394,507	47,566,438	3,076,823	31,549,461	3,473,643
50,606,075	2,962,647	85,780,583	6,237,863	56,313,572	7,173,130
44,558,150	2,969,029	80,106,701	6,930,112	59,109,834	7,990,273
16,025,398	1,347,751	33,205,192	3,042,203	25,246,439	3,571,996
3,824,017	371,917	7,598,342	912,731	6,450,281	1,028,966
147,295,518	9,209,528	263,754,778	20,721,232	185,865,478	23,782,737
32,281,879	1,558,183	57,063,960	3,598,323	38,745,352	4,018,373

출처: 금융감독원

포털사이트나 동영상 서비스 검색창에 '암호화폐'를 입력하면 소설보다 더 소설 같은 성공담이 쏟아져 나온다. 한때 유흥주점에서 수억 원대의 주류를 주문하고 수천만 원에 달하는 현금을 공중으로 뿌려댔던 동영상의 주인공이 암호화폐로 큰돈을 벌었다는 소문이 공공연하게 돌며 20~30대 사이에서는 암호화폐가 현재의 삶을 바꿀 수 있는 마지막 기회라는 인식이 급격하게 퍼지기도 했다.

하지만 수많은 전문가가 암호화폐 투자는 아직 그 실체가 불분명한 제도권 밖의 투기판이라고 일축한다. 수십 배의 수익률 정도는 암호화폐 시장에

직장인이 암호화폐에 투자하는 이유

변동성이 심해 스릴이 있어서 — 13%

직장 생활과 병행 가능해서 — 24.4%

안 하면 나만 손해인 것 같아서 — 27.4%

주변에서 많이 하고 있어서 — 27.5%

24시간 연중 무휴로 거래할 수 있어서 — 29.4%

소액으로 큰돈을 벌 수 있을 것 같아서 — 51.1%

월급만으로는 목돈 마련이 어려워서 — 53%

복수응답 허용 | 출처: 사람인, 2021

서 그리 성공적인 투자로 인정받지 못할 정도로 도박성이 짙은 까닭이다. 수백, 수천 배의 수익을 거두는 일확천금을 꿈꾸며 달려드는 20 ~ 30대의 희망이 절망으로 바뀌는 데는 그리 오랜 시간이 걸리지 않는다. 실제로 10명 중 6명 이상이 암호화폐 투자를 시작한 후 손실만 기록하고 있는 것으로 조사됐다.

당연한 얘기지만 전통적 투자처인 부동산이나 주식은 암호화폐에 비해 상대적으로 높은 안전성이 보장된다. 하지만 아직 사회생활을 길게 하지 않은 20 ~ 30대의 경우, 종잣돈이 그리 많지 않을 확률이 높다. 때문에 진입 장벽이 높은 부동산이나 큰 수익률을 기대할 수 없는 주식은 후순위로 밀리는 경향이 짙다.

분명히 밝히지만 필자는 20 ~ 30대의 암호화폐 투자를 옹호하려는 게 아니다. 암호화폐 투자에 대해선 오히려 부정적인 입장을 가지고 있다. 개인적인 바람을 담아 조언하자면, 투자를 고려하는 데 있어서 무작정 수익률만 고려하지 말고 되도록 안정적인 투자 분야를 선택하길 바라는 마음이다. '젊었을 때 고생은 사서도 한다'라는 옛 속담처럼 무책임한 말은 없다. 어느 정도 기반을 쌓은 후에는 수차례의 고난도 너끈히 감당할 수 있지만, 소위 '비빌 언덕'조차 없는 대다수 20 ~ 30대 청년에게는 한 번의 실패조차 치명적으로 작용할 수 있는 까닭이다.

하지만 어느 누가 이들의 선택에 돌을 던질 수 있겠는가? 20 ~ 30대 청년들이 도박에 가까운 선택을 할 수밖에 없는 이유는 단 한 가지, 그저 사람답게 살고 싶은 마음 때문이다. 높은 확률로 실패할 줄 알면서도 청년들이 암호화폐에 뛰어드는 건, 현대 사회에서 생존하기 위해서는 반드시 돈이라는 안전망이 필요하다는 절박함 때문이다.

지난해 MZ세대를 대상으로 실시한 설문조사 결과, 10명 중 8명이 현재 직접 투자를 하고 있다고 답했으며, 이 중 30퍼센트는 암호화폐에 투자하고 있다고 답했다. '왜 투자를 하느냐?'는 질문에는 '돈을 벌기 위해서'라는 맥락의 대답이 대부분을 차지했다. 대학 졸업과 동시에 학자금 대출 상환 압박에 시달려야 하는 현실을 타개하고 그저 평범한 생활을 영위하기 위해서는 지금 당장 일정 금액 이상의 자산이 필요하다고 생각하는 것이다.

MZ세대에게 돈은 더 이상 사치의 수단이 아니라 생존을 위한 최소한의 장치다. 한정적인 사회생활조차 겨우 꾸려 나가는 다소 어린 연배의 그들에게 있어 투자는 삶을 더 나은 방향으로 나아갈 수 있게 해주는 유일한 수단이자 선택일 따름이다.

40대 이상의 연령층도 이러한 흐름에서 예외가 아니다. 가정을 꾸린 그들에게 투자는 더욱 절박한 선택지다. 가족들의 현재와 자식들의 미래, 자신과 배우자의 노후까지 대비해야 하는 40~50대에게 투자를 통한 자산 증식은 반드시 필요한 과정이다.

'투자지능=생존지능'이라는 새로운 공식이 성립된 시대. 양극화가 가속화되는 분위기 속에서 투자는 곧 생존의 유일한 수단이나 다름 아니다. 성실하게 일해서 확보한 근로소득이라는 씨앗을 투자라는 양분으로 성장시키는 선순환 구조를 구축해야만 하는 이유다.

나의 투자지능은 몇 점인가?

투자지능 테스트, 나를 아는 게 투자의 시작

'투자지능'은 기존에는 존재하지 않던 개념으로 〈tvN-투자지능〉 제작진과 월스트리트 헤지펀드 애널리스트 출신의 '뉴욕주민'이 합작해서 새롭게 정립한 것이다. 제작진이 수십 년 전 미국에서 개발된 투자 관련 설문조사를 차용해 국내 상황에 맞게 새롭게 재구성한 '투자지능 테스트'는 14개 세부 문항에 대한 답변을 통해 개인별 투자지수를 도출해내는 구조를 갖고 있다(자세한 내용은 9페이지 〈대국민 투자지능 테스트〉 참조).

〈tvN-투자지능〉 제작진은 방송에 앞서 총 1만 명을 대상으로 투자지능 테스트를 진행했다. 이중 응답하지 않거나, 미흡한 답변을 제출한 인원을 제외하고 총 6414명의 유의미한 표본을 추출해냈다. 뉴욕주민은 투자지능에 대해 '현재를 살아가는 모든 이의 생존을 위해 가장 필요한 요소'라고 평가했다.

뉴욕주민

트레이더이자 유튜버이며 작가인 뉴욕주민은 그 화려한 면모만큼이나 흥미로운 경력을 지녔다. 민사고, 예일대, 세계 3대 경영대학원으로 꼽히는 와튼스쿨까지 탄탄한 학벌을 지닌 데다 정규 과정을 밟는 것도 어렵기로 소문난 이들 학교를 조기 졸업하며 21살 때 사회에 첫발을 내디뎠다. 그녀가 사회생활을 시작한 곳은 세계적인 전략컨설팅 회사인 맥킨지. 이내 투자은행으로 이직한 뉴욕주민은 현재 사모펀드 회사 내 헤지펀드에서 트레이더로 일하고 있다. 무려 100억 달러(한화 11조 원) 규모의 펀드를 운용하는 펀드이다 보니 늘 살얼음판을 딛고 사는 느낌일 수밖에 없다. 깨어 있는 모든 일 분 일 초를 시장과 시장 내 포지션에 대해 생각한다는 뉴욕주민은, 이런 치열한 일상이 자신만의 것이 아니고 말했다. 월스트리트라는 특수한 시공간에서 살아가는, 살아남으려는 모든 이 역시 그렇게 살아가고 있다는 것. 자신이 접하는 모든 정보와 시장의 작은 움직임에도 기민하게 대처해야 하는 긴장 속에서 살아가는 그녀이다 보니 막연한 정보에 기대 자신의 자산뿐만 아니라 금융권의 레버리지를 이용해 도박판이나 다름없는 암호화폐나 선물 투자 등에 뛰어드는 투자자들을 볼 때마다 안타까움을 금할 수 없었다. 그 누구도 시장을 이길 순 없다. 막대한 자금력을 지닌 기관이나 전문 투자자조차 시장의 거대한 흐름 앞에서 무릎을 꿇기 일쑤다. 하물며 정보력이 일천한 개인투자자가 시장을 잘 안다고, 나는 필승의 투자만을 할 수 있다고, 그 어떤 시장에서조차 수익을 낼 수 있다고 자신할 수 있을까? 이와 관련, 2015년 S&P가 세계 금융 이해력 Financial Literacy을 조사한 결과는 우리의 얼굴을 뜨겁게 한다. 148개 국 15만 명의 성인남녀를 대상으로 5개 문항을 조사한 결과 한국은 겨우 33%만이 정확한 답변을 내놓아 무려 77위를 기록했다. 이는 아프리카 우간다 다음이고, 말리, 모리타니아와 비슷한 수준이다. 교육열 높고 똑똑하기로 둘째가라면 서러울 우리나라 국민들의 실체가 이렇다. 뉴욕주민은 이 같은 결과의 원인으로 돈을 입에 올리는 것을 부끄럽게 여기는 유교 문화의 잔재, 금융 교육의 부재를 들었다. 때문에 그녀는 투자·경제 수업이 의무교육에 포함되어야 한다고 주장한다. 뉴욕주민은 앞서 두 권의 책을 출간한 바 있다. 하나는 기업 공시 읽는 법, 재무제표 읽는 법, 다양한 지표를 해석하고 이를 투자에 적용하는 법을 다룬, 기본에 충실한 펀더멘털을 다지는 투자 기본서라 할 수 있고, 다른 하나는 헤지펀드에서 일하면서 경험한 투자 실패와 성공의 경험담을 다룬 책이다. 이들 책을 통해 그녀가 강조하려는 것 역시 투자에 나서기에 앞서 시장을 알아야 한다는 것이다. 투자가 선택이 아닌 필수가 되어버린 시대. 적은 수입으로 보다 나은 미래를 위해 오늘도 많은 이들이 두려움과 기대감 속에서 투자에 나서고 있다. 하지만 부동산 투자는 평범한 개인이 접근하기에는 진입장벽이 너무 높고, 주식은 변동성이라는 괴물에 잡아먹히기 일쑤다. 암호화폐나 선물 투자는 차라리 도박이라 부르는 게 나을 정도로 극악의 투자 성공률을 보인다. 이런 시장에서 살아남을 수 있을까? 뉴욕주민의 대답은 '그렇다'이다. 현재 자신이 처한 상태에 대한 정확한 분석과 시장 펀더멘털에 대한 깊이 있는 이해력, 투자 경험을 쌓으며 얻은 성공과 실패 속에서 얻어낸 교훈으로 무장한다면 시장은 거대한 괴물이 아닌 거대한 기회의 장으로 다가올 것이다. 뉴욕주민이 투자지능을 쌓아야 한다고 강조하는 이유다.

Q 뉴욕주민 투자는 선택이 아닌 필수

사실 인류 역사에서 돈이 중요하지 않았던 적은 단 한 번도 없었습니다. 인류 문명의 초기에도 조개껍질을 화폐로 사용할 정도로 경제는 우리 삶과 한가지였죠. 작게는 개인의 의식주부터 크게는 국가 유지를 위해서도 돈은 가장 기본적이자 필수적인 요소입니다. 이처럼 인류의 역사에서 항상 중요한 가치와 중요성을 인정받아온 돈의 부피를 키우는 최적의 방식은 시대마다 서로 다릅니다. 수십 년 전에는 그저 은행에 넣어놓는 것만으로도 높은 이자가 보장됐으며, 3~4년 전으로 범위를 좁혀보면 폭등을 거듭하는 부동산 분야를 첫 손가락에 꼽을 수 있습니다. 이처럼 시대에 따라 방식은 각각 다르지만, 금융자본주의를 관통하는 현대 사회에서 자산을 늘리는 최고의 방법이 '투자'라는 데는 이견이 없을 겁니다. 현대 사회에서 돈은 곧 우리 삶의 안전망으로 작동합니다. 투자지능은 금융자본주의 시대를 살아가는 모든 이의 생존을 위해 투자 성공 가능성을 높이는 가장 기본적이고 핵심적인 요소임이 분명합니다.

물론 '투자지능 테스트'가 공신력을 갖는 공인 시험은 아니다. 하지만 뉴욕주민을 비롯해 다양한 분야의 경제 전문가들이 조언한 바를 토대로 구성한 질문들이기에 시의성과 정확성이 어느 정도 보장된다고 자신할 수 있다.

참고로 투자지능 테스트는 각 질문에 대한 대답의 오답에 따라 점수를 배분하는 방식을 채택한다. 답이 맞으면 10점을 부여하고, 반대로 틀리면 10점을 감점하는 식이다. '모르겠다'고 답할 경우, 0점으로 처리한다. 모든 질문에 답한 후 해당 방식으로 점수를 매겨 투자지능을 도출해내는 것이 투자지능 테스트의 구조다.

6400여 명을 대상으로 테스트를 진행한 결과, 크게 두 가지 유의미한 결과를 도출해낼 수 있었다. 첫 번째는 과거에 비해 투자를 실행하는 비율이 늘어난 반면, 투자지능은 그에 미치지 못한다는 것이다. 테스트 질문 중 '나는 현재 재테크를 진행하고 있다'라는 질문에 대해 응답자의 76퍼센트 이상이 '그렇다'라고 답했다. 일부 고령층을 중심으로 투자하지 않는다는 답변이 있었지만, 응답자 4명 중 3명 이상이 현재 각자의 방식으로 재테크를 실행에 옮기고 있다고 답했다.

하지만 재테크를 하고 있다고 답한 응답자의 평균 투자지능 점수는 그리 높지 않았다. 오히려 투자한다고 답변했음에도 불구하고 정작 기본적인 경제 상식을 주제로 한 질문에 오답을 내놓는 경우가 많았다. 쉽게 말해, 공부를 제대로 하지 않은 채 본시험을 치르는 수험생의 모양새나 다름없다.

Q **뉴욕주민** 투자지능, 기본의 중요성

교과서 내용을 달달 외운다고 해서 시험에서 반드시 좋은 성적을 거두는 건 아닙니다. 하지만 교과서에 나온 내용조차 제대로 이해하지 못한다면 성적이 좋을 확률은 한없이 제로(0)에 수렴하겠죠. 투자 관련 공부와 실전을 꾸준히 병행하면서 투자지능을 높였다고 해서 무조건적으로 큰 수익을 얻을 수 있는 건 아닙니다. 하지만 가장 기본적인 토대조차 쌓지 않고 수익을 올리겠다고 바라는 것은 어불성설일 뿐입니다.

투자지능 테스트를 통해 많은 사람이 투자를 너무 가볍게 생각하는 경향이 있다는 것을 확인할 수 있었습니다. 세계적인 투자 전문가들도 매일같이 여러 경제 및 산업 분야에 대해 공부하고 시장 분석을 계속 하고 있습니다. 그럼에도 불구하고 때로는 큰 손해를 보기도 하죠. 투자지능을 키우기 위한 준비 과정 없이 그저 높은 수익이라는 결과만을 바라는 투자 성향 혹은 방식에 대대적인 수정을 가해야 할 때입니다.

두 번째는 연령과 투자 경력이 반드시 높은 투자지능으로 연결되지 않는다는 사실이다. 예를 들어, 20년 동안 부동산과 주식에 꾸준히 투자해온 40대가 이제 막 투자를 시작한 20대에 비해 투자지능이 뒤떨어지는 경우가 의외로 흔하게 확인됐다. 물론 오랫동안 투자해온 사람은 나름대로 이에 대한 공부와 경험을 쌓아왔을 가능성이 높다. 하지만 '지난 10년간 높은 수익률을 낸 투자 상품은 앞으로도 수익률이 좋을 확률이 크다'라는 질문에 10명 중 4명이 '그렇다'라는 답변을 내놓은 것에서 알 수 있듯, 그동안의 공부와 경험이 예외 없이 옳은 결과로 연결되는 건 아니다. 이외에도 '주가 차트 분석으로 상승과 하락 징후를 미리 포착할 수 있다'는 질문에 무려 45퍼센트의 응답자가 '그렇다'고 답했는데, 이 역시 같은 맥락으로 해석할 수 있다.

Q 뉴욕주민 과거의 실적과 미래 수입

특정 분야에서 그동안 좋은 성과를 기록해온 상품이 당장 내일의 수익을 보장해주는 것은 아닙니다. 과거의 성과를 분석하는 건 어디까지나 '후행지표'에 지나지 않습니다. 이를 토대로 투자를 결정하는 건 투자자라면 반드시 피해야 할 행동입니다. 미국에서는 모든 증권사 보고서와 펀드 투자자 공시자료, 증권의 판매 및 투자 자문 서비스 관련 자료 등에 반드시 '과거의 실적이 미래의 수익률을 보장해주지 않는다Past performance is no guarantee of future results'라는 문구를 포함시켜야 합니다. 수십 년 이상 좋은 실적을 올리는 회사나 분야가 일부 있는 것도 사실이지만, 이러한 성과는 단순히 과거의 이력을 따라 이뤄낸 것이 아닙니다. 현재 전 세계 투자 기관 및 투자 전문가들이 미래의 흐름을 예측하기 위해 수많은 선행 분석을 진행하고 있는 이유는, 지금까지 계속 강조했듯 과거의 실적이 앞으로의 성과를 보장해주기 않기 때문입니다. 실제 투자에 나서기 전에 참고 자료 정도로 활용하는 건 크게 문제가 없지만, 과거의 실적을 근거로 투자를 결정하는 행동은 지양해야 합니다.

가장 놀라운 결과는 '높은 리스크가 높은 수익률을 보장한다'라는 질문에서 나왔다. 무려 58퍼센트의 응답자가 '하이 리스크 하이 리턴'의 의미를 잘못 알고 있는 것으로 확인된 것이다. '하이 리스크 하이 리턴'의 사전적 의미는 '투자 위험이 높은 금융 자산을 보유하면 시장에서 높은 운용 수익을 기대할 수 있다'라고 명시돼 있다. 쉽게 말하면, '리턴'을 '기대 수익률'이라고 해석해야 옳지만, 10명 중 6명이 이를 '수익률' 혹은 '확정수익'이라고 여기고 있었다.

Q **뉴욕주민** 하이 리스크 하이 리턴의 의미

높은 리스크가 높은 수익률을 보장해줄까요? 저는 이 질문이 투자지능 테스트의 핵심을 관통한다고 생각합니다. 최근 떠오른 암호화폐는 대표적인 하이 리스크 하이 리턴 종목이라고 할 수 있습니다. 그런데 대다수의 투자자가 암호화폐의 위험성을 인식하고 있음에도 불구하고 결국에는 큰 수익을 거둘 거라는 근거 없는 믿음을 갖고 있다는 게 문제입니다. 리스크 수준은 그저 수익률 기대치를 조율하는 하나의 지표에 지나지 않습니다. 리스크가 높다고 해서 반드시 큰 수익률을 기록하는 건 아니라는 의미입니다. 투자지능은 단순히 학문적 이론을 습득함으로써 높아지는 게 아닙니다. 이렇듯 근본적 투자 시스템에 대한 이해가 수반돼야 올바른 투자지능을 쌓아 나갈 수 있습니다.

투자의 주체는 결국 사람

'거의 모두'라고 표현해도 좋을 정도로 대다수 사람이 간과하는 사실은 또 있다. 바로 '투자 주체'에 대한 인식이다. 많은 사람이 투자를 주도하는 존재가 '돈'이라고 생각한다. 물론 어느 정도 일리 있는 이야기다. 꾸준히 돈을 유입함으로써 해당 분야의 활성화를 이끌어낸 후 그 성과에 따라 일정 수준의 수익을 거두는 것이 투자의 기본적인 구조이기 때문이다. 하지만 이는 어디까지나 투자 구조의 작동에 한정했을 때 유효한 해석이다. 쉽게 말해 돈은 어디까지나 투자의 방법이자 수단일 뿐, 투자의 주체는 아니다.

세계적으로 손꼽히는 투자기관 및 전문가들이 특정 기업을 분석할 때, 가장 중요하게 여기는 부분은 바로 경영진을 비롯한 인적 요소다. 뉴욕주민은 "투자 기업을 평가할 때 가장 중요한 건 '사람'인 경우가 많다"고 강조했다. 경영진의 경쟁력 및 실력, 왜곡된 인센티브가 기업의 운명을 좌우할 수 있다는 점에서다. 많은 헤지펀드 매니저 역시 해당 내용에 크게 공감한다. 실제로 뉴욕주민은 자신의 저서를 통해 펀드투자심의위원회 위원들을 설득해 대형 유통업체 '시어스'에 대해 공매도 포지션을 취하는 결정을 이끌어낸 경험을 소개하기도 했다. 당시 위원회가 결정을 내리는 데 가장 중요하게 작용했던 근거는 바로 경영진의 무능에서 비롯된 탄핵이었다. 투자를 실행할지 여부를 판단하는 데 있어서 정형화된 지표나 자료가 아닌 사람이 핵심 기준으로 작용한다는 사실을 증명하는 사례다.

Q **뉴욕주민** 시장을 움직이는 것은 사람

시장을 움직이는 것은 결국 사람입니다. 투자의 주체가 사람으로 귀결될 수밖에 없는 이유죠. 하지만 대다수 투자자는 사람이 아닌 돈을 중심으로 투자에 대한 공부를 합니다. 자료를 기반으로 한 수학적·통계적 분석과 경제적인 지식을 쌓는 데 주력하죠. 그러나 저는 투자의 본질은 오히려 인문학에 훨씬 가까운 행위라고 생각합니다. 지엽적인 지식 습득으로는 결코 투자 성공이라는 열매를 얻을 수 없습니다. 그동안 저는 다양한 채널을 통해 폭넓은 분야를 아우르는 공부의 중요성과 이러한 과정에서 비롯되는 통찰력의 제고를 강조해왔습니다. 예일대 석사 논문의 주제를 〈니체의 《도덕의 계보》로 풀이한 주식시장 메커니즘〉으로 정한 이유도 이런 맥락에서였습니다. 투자를 공부하는 데 있어 마치 대입시험처럼 이론적인 부분에 집중하는 행동은 반쪽짜리 공부에 지나지 않습니다.

뉴욕주민이 생각하는 현 시점 기준, 현명한 개인투자자들을 위한 최고의 투자처는 다름 아닌 미국 증시다. 다양한 규제와 안전장치를 통해 경영자와 외부 이해관계자 사이의 정보 불균형이 최소화돼 있고, 몇몇 업계 전문가들이 소유하기에는 금융시장에 잠재된 수익 기회가 넘쳐난다는 것을 근거로 꼽았다. 규모적으로나 제도적으로나 가장 성숙한 시장이라는 이점도 있다.

우리는 바로 이 지점에서 투자지능의 중요성을 알 수 있다. 뉴욕주민은 오랜 투자 경험과 지속적인 경제 공부를 통해 습득한 지식, 다양한 투자처에 대한 종합적·세부적 분석 결과를 토대로 현재를 기준으로 해외 증시의 잠재력이 높다는 결론에 도달했다. 과거와 현재, 미래를 아우르는 포괄적인 분석을 통해 앞으로 성장 가능성이 높은 투자처를 선별해낸 것이다. 뉴욕주민은 "수십 년에 걸친 실전 투자와 관련 공부를 통해 투자지능을 키우지 않았다면 10년이 넘는 세월 동안 연평균 16퍼센트 이상의 수익률을 꾸준히 기록해오지 못했을 것이다"라고 말했다.

당연한 얘기지만, 해외 증시에 투자하기 위해서는 국내 증시에 비해 훨씬 많은 공부와 준비 과정이 필요하다. 국내 기업들의 경우, 업체가 생산하는 제품을 우리가 실생활에서 사용하는 경우가 많기 때문에 접근이 용이한 편이다. 하지만 이름마저 생소한 해외 기업의 주식을 매입하기 위해서는 반드시 깊은 공부와 철저한 분석이 수반돼야 한다.

과거와 달리 이제는 해외 여러 나라를 통한 투자가 가능해졌다. 특히 코로나19 팬데믹 이후 많은 투자자가 해외 시장으로 눈을 돌리고 있다. 코로나19 팬데믹이 바꾼 것은 단순히 우리의 일상에 국한되지 않는다.

넘치는 유동성은 세계 자본시장의 패러다임마저 뒤흔들고 있다. '동학개미'로 대표되는 한국 증시의 새로운 흐름과 미국의 로빈후드 애플리케이션, 중국의 청년부추 등 전 세계 MZ세대는 디지털 플랫폼을 통해 글로벌 금융시장으로의 진출을 도모하고 있다.

국내를 넘어 세계 시장을 겨냥한 MZ세대의 투자는 앞선 세대의 투자와 다른 맥락을 보여준다. 예전 세대의 투자 목적이 단순 자산 증식에 있었다면, MZ세대의 투자는 '생존을 위한 행위'인 것이다. 근로소득과 자본소득의 격차가 현격하게 벌어지는 최근의 흐름 속에서 경제적 자유는 모든 이의 가장 절실한 꿈이자 현실이기 때문이다.

🔍 **뉴욕주민** 투자는 생존을 위한 수단

코로나19 팬데믹 이후 우리 일상은 물론 사회 여러 분야에서 급격한 변화가 일어났습니다. 친구와의 만남, 지인과의 수다 등 당연했던 것들이 더 이상 당연하지 않게 됐죠. 가장 큰 희생을 치른 자영업자들은 80퍼센트 이상 매출이 떨어지면서 벼랑 끝에 내몰리기도 했습니다.

코로나19 팬데믹은 또한 빈익빈 부익부 현상의 심화를 가져왔습니다. 자영업자를 비롯한 중산층이 무너지고 도움이 필요한 취약계층은 더욱 큰 어려움을 겪어야만 했죠. 반대로 소위 '부자'들은 오히려 자산이 증식하는 기현상이 나타나기도 했습니다. 예를 들어 '코로나 특수'를 톡톡히 누린 배달업체를 꼽을 수 있죠. 돈이 돈을 벌고, 부자가 더욱 큰 부자가 되는 흐름 속에서 수많은 서민이 느끼는 박탈감은 말로 설명할 수조차 없을 정도입니다. 투자는 이런 불합리하고 부조리한 사회 구조에서 우리의 생존을 위한 유일하고 가장 확실한 수단입니다.

돈의 가치는 시시각각 변합니다. 돈이 과거에는 주로 재화 교환의 수단으로 사용됐다면, 현재는 나와 가족들의 일상을 유지해 나가고 안정감을 제공해주는 일종의 셸터 Shelter (안식처) 역할을 수행하고 있습니다.

이러한 사회적 안전망을 구축하는 돈의 소중함은 코로나 이전과는 비교할 수 없을 정도로 커졌습니다. 이제 우리 모두가 돈의 새로운 가치를 인정해야만 할 때라고 생각합니다.

전 세계적 위기 속에서 우리는 우리 자신의 생존을 위해 투자라는 수단을 고려할 수밖에 없게 됐다. 투자를 통해 자산을 증식함으로써 삶의 안전망을 더욱 튼튼하게 만들어야 한다. 〈tvN-투자지능〉 제작진이 제시하는 투자지능 테스트를 통해 자신의 현 상황을 정확하게 진단하고, 이를 바탕으로 올바른 방향성을 잡아 나감으로써 한 단계 나아진 내일을 만들어갈 수 있길 희망한다.

돈이 곧 삶의
안전망이 되는 세상

생존을 위한 안전망, '부'의 본질에 주목하라

보건복지부가 지난 2013년 발표한 자료에 따르면, 자녀 1명이 대학교를 졸업할 때까지 소모되는 양육비는 3억 900만 원에 이른다. 참고로 무려 10년 전 통계라는 점을 감안했을 때, 현재는 이보다 훨씬 많은 비용이 필요하리라 미뤄 짐작할 수 있다. 나날이 떨어지는 출산율에는 치솟는 양육비에 대한 부담이 한몫했음이 분명하다.

출산율에만 비상등이 켜진 게 아니다. 과거 인륜지대사로 불리며 인생의 가장 중요한 행사 중 하나로 여겨졌던 결혼(혼인)은 현재의 청춘들에게 더 이상 매력적인 선택지가 아니다. 한국보건사회연구원이 조사한 바에 따르면, 성인 미혼남녀 10명 중 3명(31퍼센트)은 주거 불안정을, 약 28퍼센트의 응답자는 불안정한 일자리를 꼽는 등 경제적 여건이 결혼을 망설이게 하는 가장 큰 요인이라고 답변했다.

자녀 1인당 전체 양육 비용

자녀의 연령	양육비용(비율)
영아기(0~2세)	3063만 6000원(9.9%)
유아기(3~5세)	3686만 4000원(11.9%)
초등학교(6~11세)	7596만 원(24.6%)
중학교(12~14세)	4122만 원(13.3%)
고등학교(15~17세)	4719만 6000원(15.3%)
대학교(18~21세)	7708만 8000원(25.0%)
전체(출생 후 대학 졸업 시까지)	3억 896만 4000원

출처: 보건복지부, 한국보건사회연구원

이처럼 과거 인생의 중요한 변곡점으로 여겨지던 결혼과 출산이 이제는 '부'라는 외적 여건에 따라 선택 혹은 기피되는 유동적 선택이 돼버렸다. 2020년 기준 가임 여성 1명당 출산율이 0.837명에 불과한 서글픈 통계 역시 돈이 없으면 삶의 안전망을 보장받지 못하는 현실이 반영된 결과임을 부인할 수 없다.

2021년 기준, 대법원이 발표한 우리나라 4인 가구의 최저 생계비는 무려 300만 원에 육박한다. 연봉으로 따지면 실수령액 3600만 원에 해당하는 금액이다. 지난해 12월 교육부와 한국교육개발원이 발표한 자료에 따르면 대졸 취업자의 월평균 급여는 고작 263만 원 수준이다. 20대 후반에 취업해서 30대 초반에 배우자를 만나 가정을 꾸린다고 가정했을 때,

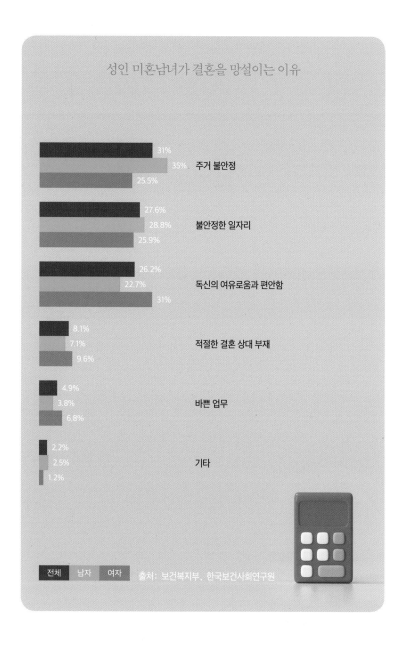

성인 미혼남녀가 결혼을 망설이는 이유

주거 불안정
31%
35%
25.5%

불안정한 일자리
27.6%
28.8%
25.9%

독신의 여유로움과 편안함
26.2%
22.7%
31%

적절한 결혼 상대 부재
8.1%
7.1%
9.6%

바쁜 업무
4.9%
3.8%
6.8%

기타
2.2%
2.5%
1.2%

전체 남자 여자 출처: 보건복지부, 한국보건사회연구원

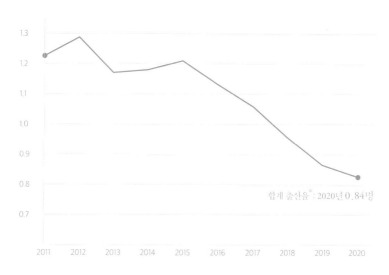

가임 여성 1명당 출산율

합계 출산율*: 2020년 0.84명

출처: 통계청

한 사람의 급여는 그저 생활비에 지나지 않는 것이다. 국내 10위권 대형 결혼 정보 회사를 운영 중인 모 대표이사는 "요즘 청년들 사이에서 맞벌이는 필수 요구조건"이라고 말했다. 소위 '외벌이'로는 가정을 유지하는 것조차 힘겨운 현실에서 결혼을 재테크 수단으로 여기는 경향이 짙어지는 추세를 보인다는 설명이다.

* 합계 출산율: 가임 여성 1명이 낳을 것으로 예상되는 평균 출생아 수.

Q 결혼 정보 회사 대표 배우자 조건

최근 결혼 적령기를 맞은 성인남녀가 결혼 상대를 선택하는 데 있어 성별을 떠나 배우자에게 필수적으로 요구하는 조건 중 하나가 바로 '맞벌이'입니다. 이는 단순히 '내가 일하니까 너도 일해야 한다'는 계산적인 주장이 아니라 생존과 직결된 문제에 가깝습니다. 아주 높은 연봉을 받는 극소수의 전문직 종사자나 이른바 '금수저'가 아닌 일반적인 직장인들의 경우, 홀로 경제 활동을 해서 내 집을 마련하는 건 사실상 불가능에 가까운 일입니다. 이에 결혼을 통해 생활비는 줄이고 반대로 수입은 늘림으로써 내 집 마련의 꿈을 이루겠다는 지극히 현실적인 계획에서 비롯되는 요구 조건이지요.

최근 결혼 시장의 흐름 역시 과거와는 크게 달라졌습니다. 전통적인 주요 선택 기준 항목이었던 직업이나 학벌, 집안 등을 중요시하는 경향은 많이 줄어든 반면, '집이 있느냐, 있다면 어디에 있느냐'와 같이 현재 보유하고 있는 자산의 규모가 부각되는 흐름을 보이고 있습니다.

건강하게 태어나 학업을 충실하게 마치고, 너무 늦지 않게 직장에 들어가 근면성실하게 돈을 모아 가정을 꾸리고, 아이를 낳고, 가족과 함께 세월에 스며드는 삶. 대다수 사람이 거쳐온, 그리고 거치길 바라는 교과서적인 인생 과정이다. 우리 부모님 세대만 해도 자신의 근로소득만으로 충분히 가정을 일구고 노후를 준비할 수 있었기에 가능한 삶이었다. 그러나 현재는 이 '평범한 삶'에 이르는 길이 너무나 험하고 복잡해졌다.

결혼의 가부마저 자산의 유무에 따라 결정되고, 가정의 행복을 가늠하는 척도가 부의 크기에 달려 있다는 20~30대의 외침이 과연 비현실적이고 비합리적일까? 한 미국의 부호가 자식에게 전해준 '돈의 본질'에서 그 대답을 찾아보자.

"돈이 인생의 모든 문제를 해결할 수는 없다. 하지만 우리 삶에서 발생하는 대부분의 문제는 돈으로 해결 가능하다."

물질만능주의의 극치를 보여주는 것 같은 오만하고 편협한 주장이지만, 현재를 살아가는 수많은 이에게는 현실을 고스란히 반영한 이른바 '팩트 폭행(사실에 입각해 상대방이 감추고 싶어 하는 사실을 지적하는 행위)'으로 여겨지는 측면이 있음을 부정할 수 없다. 사랑하는 사람과 함께 살아가는 소박한 행복마저도 부족한 경제력과 불확실한 미래 탓에 망설이게 되는 20~30대의 아픔이 '투자'라는 선택지로 연결되는 현상이 자연스럽게 여겨지는 안타까운 현실이다.

어떤 이는 "반드시 돈이 있어야 행복할 수 있는 것은 아니다"라고 주장할지도 모른다. 당연히 동의한다. 부의 크기로만 행복의 순위가 결정된다면 테슬라의 창업주인 일론 머스크 Elon Musk가 세상에서 가장 행복한 사람일 것이다. 필자가 이 책을 통해 말하고 싶은 건, '부의 본질'이다. 앞서 말했듯, 부는 결코 행복의 척도가 되지 못한다. 다만 부는 우리 삶에 있어 최소한의 안전장치, 혹은 안전망의 역할을 해준다. 예상치 못한 실직, 갑작스러운 병치레, 부지불식간에 일어난 사고 등 우리의 일상을 뒤흔드는 사건은 항상 예고 없이 찾아오는 법이다. 이렇듯 경제적 부담이 가중될 수밖에 없는 부정적 상황이 닥쳤을 때, 어느 정도 여유 자산이 있다면 우리 삶을 큰 흔들림 없이 이어갈 수 있다. 하지만 말 그대로 빠듯한 경제적 상황에 기대 아슬아슬하게 일상을 유지하고 있다면 아주 작은 돌부리조차 부담스러운 장애물로 여겨질 것이다.

치솟는 전세금을 감당하지 못해 눈물을 흘리며 친구들과 헤어지기 싫다는 자식들을 억지로 이끌고 이사를 가야 했다는 안타까운 사연이 줄을 잇고, 하루아침에 수백만 원의 월세를 감당해야 하는 극한 상황으로 몰리는 사례가 늘어나는 현실이다. 자신의 노후를 대비하기는커녕 당장의 일상을 유지하기조차 벅찬 상황에서 작은 종잣돈일지언정 부여잡고 너도나도 투자에 뛰어드는 건 어찌 보면 당연한 수순이라고 여겨질 정도다.

많은 전문가와 언론들은 유례를 찾아볼 수 없는 지금의 투자 열풍에 대해 한결같이 부정적인 견해를 내놓는다. 실제로 암호화폐나 주식 투자로 수억 원을 잃었다는 간증이 속속 인터넷에 퍼지곤 한다. 하지만 그러한 의견들에는 정작 '사람들이 왜 그렇게 앞다퉈 투자에 나서는지'에 대한 깊이 있는 고찰은 배제돼 있다. 투자에 나선 이들은 그저 평범한 삶을 살아갈 수 있는 최소한의 토대를 만들고 싶었을 뿐이다. 사치스럽고 호화로운 삶을 꿈꾸며 투자에 나서는 경우는 극히 일부에 불과하다.

필자의 후배 중 한 명도 누구나 흔히 볼 수 있듯 2~3년 전부터 각종 투자에 빠져 있다. 때로는 제법 수익을 보기도 했지만 최근 암호화폐와 주식시장의 급락으로 큰 손실을 기록했다고 토로했다. 늘 입버릇처럼 "투자로 돈을 벌어서 작은 아파트를 구입할 정도의 금액만 모으면 바로 여자 친구와 결혼할 생각이다"라고 말하곤 했는데, 요즘에는 오히려 목적지가 더 멀어진 것만 같다는 한탄을 늘어놓는다.

사실 후배의 투자 포트폴리오는 꽤 안정적으로 보였다. 우량주를 중심으로 한 장기 투자와 유동성이 큰 암호화폐이지만 그중에서도 가장 대표적인 코인 두 종목만 매수하는 식으로 투자를 해왔기 때문이다. 하지만 시장이 전체적으로 불황에 빠지자 맥을 못 추고 있다. 물론 좀 더 먼 시선으로 보면 얼마든지 반전할 가능성이 높은 포트폴리오임은 분명하다. 하지만 그 누구도 미래를 장담할 수 없는 것 또한 사실이다. 조금 더 나은 삶을 위해서 선택한 투자였지만, 결국 후배의 결혼이 늦춰질 확률이 높아졌다는 것이 안타까울 따름이다.

'부의 본질'을 한마디로 정의할 수는 없다. 시대와 상황에 따라 '부', 조금 더 직설적으로 말하면 '돈'은 매번 다른 얼굴로 우리를 맞이하기 때문이다. 다만 빈익빈 부익부가 그 어느 때보다 심화되는 시대, 역사상 처음으로 부모 세대보다 자식 세대가 더 가난해진 현실에서 부의 본질은 단한 가지로 요약된다고 할 수 있다. 우리 삶을 유지하기 위한 최소한의 안전망이자 안전장치, 그것이 바로 지금 우리가 처한 현실에서 정의할 수 있는 부의 본질이다.

내가 생각하는 부자 VS 부자가 생각하는 부자

당신이 생각하는 부자의 기준은 무엇인가? 2021년 성인남녀 3400여 명을 대상으로 조사한 한 통계에 따르면, 응답자들은 평균 49억 원의 자산을 소유해야 부자라고 볼 수 있다고 답했다. 반면 같은 해 금융 자산 10억 원 이상을 보유한 400명을 표본으로 한 설문조사에 따르면, 이들은 평균 70억 원의 자산을 보유한 경우 부자로 분류될 수 있을 것이라고 말했다. 이렇듯 '부자'라는 카테고리를 나누는 선은 결국 자신의 상황을 전제로 판단하는 경향이 짙다. 명문화된 부자의 기준이 전무한 까닭이다.

그렇다면 '2022년 개정판 부자의 기준'은 어디쯤 와 있을까? 〈tvN-투자지능〉 제작진이 1만 명을 대상으로 '현금 같은 유동성 자산을 기준으로 어느 정도를 보유해야 부자라고 생각하는가?'라는 질문으로 설문조사한 바에 따르면, 평균 25억 원 이상 보유하고 있어야 부자로 분류할 수 있다고 답했다. 참고로 해당 평균은 1억~1000억 원 사이의 답변만 표본으로 추출했으며, 무한대와 1000조 원 같은 비합리적 답변은 제외했다. 가장 큰 비중을 차지한 상위 5위 금액을 순서대로 나열해보면 10억 원, 50억 원, 30억 원, 100억 원, 20억 원 순이었다. 또한 부동산의 보유 여부와는 별개로 '당장 쓸 수 있는 현금'이 10억 원 이상이어야 부자라는 인식이 가장 강한 것으로 조사됐다.

다수의 응답자가 선택한 10억 원의 경우, "전통적으로 현금 10억 원은 부자의 상징적인 금액"이라는 취지의 답변이 가장 많았다. 20억~30억 원이라고 답한 참가자 중 일부는 "내가 살고 싶은 아파트 가격이 그 정도"라는 이유를 들었다. 현금 50억 원을 부자의 기준이라고 답한 30대 직장인은 "모든 자산이 현금이라고 가정했을 때, 50억 원 정도는 갖고 있어야 아파트의 구입·유지와 노후 대비 등이 가능할 것이라고 생각한다"라고 말했다. 현금 100억 원은 갖고 있어야 한다고 말한 20대 대학생은 "압구정 모 아파트가 80억 원을 호가하는 현실에서 100억 원이라는 금액조차 절대적인 부자의 수치라고 생각되지 않는다"라고 털어놓았다.

각자의 답변은 다르지만 대다수 응답자에게서 현금을 곧 부동산, 그중에서도 아파트를 구입하는 용도로 사용할 것을 전제하는 경향을 확인할 수 있었다. '내 집 마련'이 평생의 목표라는 사실은 1970~1980년대를 우직하게 버텨온 우리네 부모 세대와 크게 다르지 않음을 알 수 있는 대목이다.

10여 년 전부터 이른바 'ㅇ포족'이라는 자조적 신조어가 전국팔도 방방곡곡에 들불처럼 번지고 있다. '취포족(취업 포기)', '3포족(연애, 결혼, 출산 포기)'을 시작으로 'N포족(내 집 마련 포기)'을 거쳐 최근에는 '청포족(청약 포기)' 등 부동산 가격 폭등으로 인한 절망감을 에둘러 표현하는 단어가 속속 등장하고 있다. 몇 년 사이 20~30대 청년들은 물론 40~50대 중장년층까지도 이미 오래전에 철폐된 계급사회가 사실상 다시 도래한 것이나 마찬가지라는 한탄을 쏟아내고 있는 것도 이와 맥락을 같이한다.

'부동산 계급도'라고 불리며 지역별로 '등급'을 나누는 현대판 계급제도가 공공연하게 떠돌고 있는 까닭이다. '내 집 마련'의 성패로 계급이 갈리는 새로운 세상을 맞이한 이 시대 청년들의 애환과 좌절, 슬픔과 분노가 고스란히 녹아 있는 이런 이야기를 들으면 그저 안타까울 따름이다.

방송을 제작하면서 필자가 만난 수많은 인터뷰어는 하나같이 부자를 동경하고, 자신도 그와 같은 위치에 오르길 바라 마지않았다. 하지만 '부자'라는 키워드만 동일할 뿐, 이를 정의하는 기준도 방식도 모두 달랐다. 어떤 사람은 10억 원만 있어도 충분한 만족감을 느끼는 반면, 또 다른 이는 100억 원을 눈앞에 두고도 한결같이 결핍을 호소할 수도 있다. 누구나 부자를 꿈꾸지만, '부자'라는 목표의 성패를 가늠할 기준은 제각기 다르기 마련이라는 의미다.

각자 생각하는 부자의 기준에 대한 산술적 평균은 설문조사를 통해 얼마든지 도출해낼 수 있다. 하지만 '이 정도 금액이면 부자'라는 수학 공식같이 정형화된 수치는 존재하지 않는다. 그 기준은 결국 각자의 기준과 판단에 달려 있다. 다만 앞서 소개한 여러 설문조사에서도 알 수 있듯, 현재 보유 자산 규모에 따라 부자를 나누는 기준은 서로 차이를 보인다. 더 큰 규모의 자산을 보유한 사람일수록 부자를 가늠하는 기준 금액 역시 높아지는 추세를 나타냈다.

이러한 결과는 크게 두 가지를 의미한다. 첫째, 부자라는 목표에 대한 정량적 기준이 존재하지 않는다는 사실이다. '대략 이 정도 금액 이상이면 당신은 우리나라 상위 몇 퍼센트에 해당하는 부자다'라는 공식은 성립되지 않는다. 둘째, 보유 자산의 규모와 상관없이 사람은 누구나 자신이 현재 처한 위치보다 더 높은 곳을 바라본다는 사실이다. 등산로 초입에서 이제 막 산을 오르려는 이는 중간 즈음에 마련된 쉼터를 바라보고, 화창한 하늘이 훤히 보이는 곳까지 오른 사람들은 한시라도 빨리 정상에 깃발을 꽂기를 원하는 법이다.

좀 더 속된 말로 표현하면, '인간의 욕심은 끝이 없다'. '통장에 50억 원만 있다면', '강남에 아파트가 있다면' 등 지금 당장은 이러한 바람만 현실화된다면 욕심을 내려놓고 편히 살 것 같다는 야무진 착각(?)을 할지도 모른다. 하지만 더 나은 삶을 향한 인간의 욕망은 자연현상과 마찬가지로 당연한 본능이다. 한 달에 300만~400만 원의 연금이 배당되는 복권에 당첨된다면 그날로 회사를 때려치우고 유유자적한 한량의 삶을 살 것 같은가? 아마 십중팔구, 아니 백중구십구는 복권 당첨금을 기반으로 어떤 식으로든 자산을 불리기 위해 고민하고 또 고민할 것이다.

왜 인간은 이렇듯 '부'에 집착하는 걸까? 앞서 언급한 금융자본주의에서 그 해답을 찾을 수 있다. 흔히 '숨만 쉬어도 돈이 나가는 세상'이라고 한다. 정말 공기를 구입해서 살아야 하는 시대가 도래했다고 가정해보자. 그렇다면 공기를 살 수 있는 돈은 곧 생존이나 마찬가지인 셈이다. 오늘날 우리가 처한 현실도 이와 크게 다르지 않다. 정도의 차이가 있을 뿐, 지금 우리의 일상을 유지하기 위해서는 반드시 돈이 필요하다.

'높이 나는 새가 멀리 본다'는 속담처럼 우리가 미처 발견하지 못한 행복을 찾으려면 그 높이까지 오를 수 있는 날개가 필요하다. 금융자본주의 시대에 우리를 높은 곳까지 이끌 날개는 무엇일까? 지금 여러분의 머릿속에 떠오른 '그것'이 바로 해답이다.

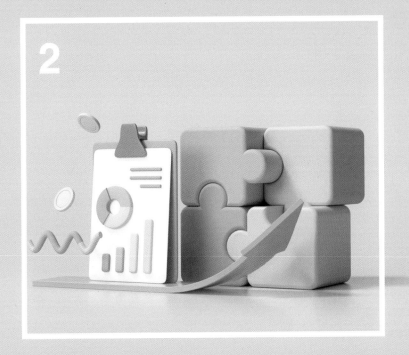

2

투자 VS 도박

도파민형 투자자의 착각

'제대로 된 투자'란 무엇인가?

누구나 부자를 꿈꾸는 세상. 하지만 모두 부자가 될 수는 없는 냉혹한 현실이다. 지난 수년간 대한민국은 그 어느 때보다 강한 투자 열풍을 경험했다. 자고 일어나면 폭등해 있는 부동산, 마치 도박판을 연상케 할 정도로 '묻지 마 자금'이 대거 몰린 금융 투자의 상징인 주식시장의 롤러코스터식 흐름, 규제의 테두리를 벗어난 암호화폐 거래 등 부자를 향한 우리나라 국민들의 열망은 각양각색의 모양새로 현실화되고 있다.

　근로소득의 의미가 점차 희미해져가는 추세 속에서 투자는 선택이 아닌 필수가 된 지 오래다. 하지만 대다수 사람들은 '올바른 투자'가 무엇인지조차 알지 못한 채 다수의 의견에 휩쓸려 투자 종목을 선택하고 성급히 투자에 나서는 경우가 많다. 하루가 다르게 가격이 올라가는 부동산 시

장을 보며 이른바 패닉 바잉 panic buying (공황구매)을 선택한다거나 최소한의 공부도 수행하지 않은 채 그저 떠도는 풍문에 근거해 주식 종목을 고르는 등 사상누각砂上樓閣과 다름 아닌 행태를 보이고 있다. 이는 마치《천자문》조차 제대로 떼지 못한 아이가《소학》이나《대학》을 읽으려 하는 꼴과 마찬가지다.

2022년 1월, 전 국민은 희망 찬 새해 선물이 아닌 우울한 사고 소식을 먼저 접해야 했다. 제2의 삼풍백화점 사태로 불리며 우리나라에 안전불감증이 여전함을 증명한 모 광역시 신축 아파트 현장의 붕괴 사고가 바로 그것이다. 이렇듯 비극적인 사고가 발생한 데는 여러 가지 이유가 있겠지만, 근본적인 이유는 건축물의 토대를 튼튼하게 만들기 위한 최소한의 시간을 지키지 않았기 때문이다. '뿌리가 튼튼하지 않은 나무는 천년 세월을 도모할 수 없다'는 옛 속담에서도 강조하듯, 만물의 근간을 이루는 토대 혹은 초석을 단단하게 쌓지 않는다면 언제든 무너져버릴 수 있음을 기억해야만 한다.

투자라고 이러한 공식에서 예외는 아니다. 사칙연산을 건너뛰면 결코 미적분 문제를 풀 수 없듯이, 자신이 선택한 투자 종목에 대한 최소한의 공부가 전제되지 않는다면, 투자에 실패할 확률은 기하급수적으로 높아진다. 문제는 최근 투자에 뛰어드는 이들 중 대다수는 이러한 기초공사를 제대로 마치지 않는다는 데 있다. 자신의 입맛에 맞는 몇몇 동영상을 시청하거나 서점에서 가장 잘 보이는 곳에 놓여 있는 책 두어 권만 정독한 채 실전 투자에 나서는 경우가 흔한 것이다.

이 책의 목적은 결국 한 가지 질문으로 압축된다.

'그렇다면 올바른 투자 기초 공부는 무엇인가요?'

단언컨대, 이 질문에 정형화된 답변을 내놓을 수 있는 사람은 단 한 사람도 존재하지 않을 것이다. 전 세계 79억여 명의 인류는 생김새부터 삶의 방식, 사용하는 언어, 보유하고 있는 자산, 추구하는 투자 방식, 일상생활의 세세한 습관까지 모든 부분에서 각기 다른 조건을 갖고 있다. 즉, 뉴질랜드에 사는 스미스 씨에게 최적화된 투자 공부 방법이 인천에 사는 김아무개 씨에게는 전혀 맞지 않는 옷이 될 수도 있다는 것이다. 세계적인 투자 혹은 컨설팅 전문가도 개개인의 특성을 고려한 맞춤형 분석과 깊은 고찰, 오랜 고민을 거치지 않고서는 특정 인물에게 꼭 맞는 최적의 투자 방식을 제시할 수 없다는 의미다.

원론적인 얘기지만, 결국 투자 공부는 오롯이 투자자 스스로의 몫이다. 무엇보다 투자를 하나의 학문으로 인정하고 마치 대입시험의 주요 과목처럼 오랜 시간을 공들여야만 비로소 자신에게 맞는 투자 방법을 찾아낼 수 있다는 사실을 기억해야만 한다. 물론 이러한 과정에서 자신보다 앞서 투자의 길을 걸은 전문가들의 따끔한 조언은 반드시 경청하고 겸허히 수용해야 한다.

무엇보다 강조하고 싶은 부분은 '투자'와 '투기' 혹은 '도박'의 경계선을 명확하게 해야 한다는 것이다. 물론 과거에도 투자와 투기의 경계는 모호했던 게 사실이다. 하지만 최근 투자 시장의 흐름은 그 어느 때보다 투기나 도박에 가까운 추세를 보이고 있다. 바로 이 지점에서 우리는 얼마 전 방송된 〈tvN-투자지능〉에 등장한 '안영빈·박혜선 부부'의 이야기에 주목해야 한다.

내가 하는 것은 투자인가 투기인가?

안영빈·박혜선 부부는 두 자녀를 둔 30대 부부로 지극히 평범한 대한민국 4인 가정의 표상이다. 결혼과 함께 2억 원대 빌라를 매입한 부부는 집 값의 절반 이상을 대출로 충당해야 했다. 직장을 다니는 남편과 파트 타임으로 가계에 힘을 보태는 아내, 눈에 넣어도 아프지 않은 두 아이를 가진 부부는 '대한민국 4인 가족의 평균'을 대변해준다.

더 나은 삶을 꿈꿨던 부부는 각자의 기준과 판단에 따라 최근 소위 '핫'하다는 투자 종목에 한 번씩 도전장을 던진 경험을 갖고 있다. 부동의 시가총액 1위 S전자의 주식 매수부터 공매도를 막기 위한 미국판 개미운동으로 불린 게임스탑의 해외 주식 투자, '내 생에 마지막 로또'라고 부르짖은 암호화폐 구입 등 국내외 주식거래소와 코인중개소를 넘나드는 전방위적 투자(?)를 지난 수년 동안 해왔다. 일반적인 시선에서 봤을 때, 지극히 평범한 투자 일지에 지나지 않는다. 하지만 방송 멘토 중 한 사람으로 출연한 뉴욕주민은 해당 부부에게 '투자를 해본 적이 없다'는 의외의 진단을 내렸다.

박혜선, 안영빈 부부

안영빈 남편

'너는 그러니까 평생 개미처럼 일만 할 거다' 열이 받는 거예요

🔍 뉴욕주민 도파민형 투자자의 언어

안영빈·박혜선 부부가 그동안의 투자 이력을 설명하면서 사용한 용어들을 정리해보면 운과 몰빵 44번, 날렸다와 물렸다 27번, 도박과 게임 18번, 먹고 빠지고 넣었다 뺐다 17번, 승률과 확률, 베팅 15번, 느낌과 촉 9번입니다. 이런 용어가 가장 많이 사용되는 곳은 다름 아닌 '카지노'입니다. 두 분의 인터뷰만 따로 놓고 보면 그냥 갬블러(도박꾼) 같으세요. 본인들은 투자했다고 주장하지만 실제로는 도박을 하고 있었을 뿐입니다.

이러한 성향의 투자자들은 흔히 '도파민형 투자자'라고 분류할 수 있습니다. 순간의 승패를 즐기는 갬블러에게서 다량 분출되는 도파민이 두 분의 투자 성향을 고스란히 대변해준다고 할 수 있는 것이지요.

실제로 분석해본 결과, 두 부부는 소위 '한 방을 꿈꾸는' 도파민형 투자 자라는 진단을 받았다. 좀 더 냉정하게 평가하면 두 부부는 그동안 도박에 가까운 투자를 반복해왔다. 체계적인 공부가 전제되지 않은 무지성 투자를 단행한 부부의 행보는 그저 한 방을 노리는 갬블러의 그것과 다르지 않았다.

이러한 현상은 24시간 매매가 가능한 암호화폐 거래소에서 극명하게 나타난다. 일정 시간이 지나면 장이 닫히는 주식시장과 달리 암호화폐는 24시간 내내 거래가 가능하기 때문에 수많은 투자자가 시간과 장소를 가리지 않고 스마트폰 혹은 컴퓨터 모니터와 눈싸움을 벌이는 대표적인 분야다. 시시각각 변하는 상승과 하락 그래프에 일희일비하며 하루를 보내는 일상이 반복되는 것이다.

안영빈·박혜선 부부 같은 도파민형 투자자의 가장 큰 문제는 투자의 성패에 따라 극심한 감정 기복을 보인다는 것이다. 투자가 승승장구할 때는 만사형통의 호인으로 행동하지만, 반대의 경우 심각한 우울증에 시달려 일상생활조차 어려운 경우도 흔히 발생한다. 이에 대해 박종석 정신과 전문의는 "투자의 본질을 깨닫고 받아들이는 자세가 필요하다"고 조언했다.

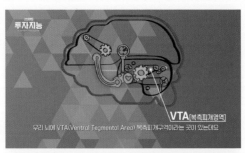

VTA[복측피개영역]

우리 뇌에 VTA(Ventral Tegmental Area) 복측피개구역이라는 곳이 있는데요

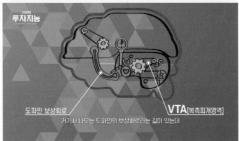

도파민 보상회로

VTA[복측피개영역]

거기서 나오는 도파민의 보상회로라는 길이 있는데

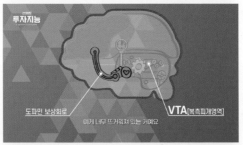

도파민 보상회로

VTA[복측피개영역]

이게 너무 뜨거워져 있는 거예요

보상회로가 가열되어
계속 **더 큰 자극**을 추구

도파민

신경전달물질의 하나로
뇌 신경 세포의 흥분 전달 역할을 함

심리 검사 결과
부부는 '도파민형 투자자'

박종석

연세대학교 의과대학을 졸업하고, 연세대학교 의과대학 대학원을 졸업했다. 연세대학교 세브란스병원 인턴, 레지던트를 거쳐 서울대학교 병원 본원 정신과 펠로(임상강사)로 일했다. 지금은 구로 연세봄 정신건강의학과 원장으로 일하고 있으며, 연세대학교 세브란스병원 정신과 외래교수로 일한다. 대학 졸업 후 처음 한 투자에서 얻은 쏠쏠한 수익에 자기 과신을 하게 되면서 서른 중반에 마이너스통장까지 만들어가며 주식에 소위 '몰빵'했고 그 결과 전 재산을 모두 날려버렸다. 1년 만에 전 재산에 대출까지 얻어 모은 투자 자금이 4분의 1 토막 나며 그야말로 한순간에 거덜나버리고 만 것. 일상생활에 집중할 수 없어 직장에서마저 잘리고 나서야 겨우 손을 털 수 있었다. 명문대 출신 의사가, 게다가 정신적 문제를 치료하는 의사가 주식 중독에 빠져 돈을 몽땅 잃고 멘탈마저 무너져버린 것이다. 그는 자신을 살리기 위해 2년간 주식을 딱 끊고 주식과의 거리두기, 투자와의 거리두기를 했다. 망가져버린 몸과 정신을 가다듬은 그는 다시 투자에 나서고 싶은 마음을 꾹 누르고 그동안의 실패를 교훈 삼아 처음부터 차근차근 주식 투자를 공부하기 시작했다. 그는 실전 투자에 앞서 철저한 공부를 통해 투자지능을 쌓는 것은 물론 자신의 감정을 컨트롤하는 방법을 익히는 것이 중요하다고 강조한다. 투자란 결국 사람이 하는 것이기 때문. 많은 투자자가 만족할 만한 수익률을 얻기는커녕 깡통을 차는 이유는 자신의 감정을 조절하지 못하고 무리한 투자에 나서기 때문이라고 그는 지적한다. 뻔한 실수를 되풀이하지 않기 위해서는 무엇보다 자신을 다잡는 연습이 중요한 것이다. 그는 농사를 짓듯 공부를 하고 농사를 짓듯 투자해야 한다고 이야기한다. 한번에 가시적인 성과를 거두려하기보다는 매일매일 조금씩 성장하려는 노력을 기울여야 한다는 조언일 것이다. 이처럼 투자지능을 쌓고 자신의 심리를 철저히 분석하는 노력을 기울인 결과, 지금은 그간의 손실을 만회하고 꾸준히 수익을 올리고 있다. 이 수익은 오로지 실패를 통해 얻은 뼈아픈 교훈의 결과물이라고 할 수 있다. "성공의 비법이 뭐냐"고 간절히 묻는 이들에게 알려주던 내용을 모아 책도 출간했다. 특히 주식 투자 실패와 중독으로 고통받는 환자들의 사례, 저자 본인의 사례를 고스란히 담아 주목을 받았다. 남녀노소 할 것 없이 모두가 투자에 뛰어드는 호모이코노미쿠스의 시대에 그는 매일의 루틴을 만들어 어제보다 0.1% 성장한 투자자가 되려는 노력을 기울인다면 훨씬 성숙한 투자지능, 훨씬 성숙한 투자 멘탈을 가질 수 있게 될 것이라고 강조했다.

Q **박종석** 투자, 돌아보는 여유 필요

투자는 마치 동전의 양면과 같습니다. 성공과 실패가 한 몸으로 얽혀 있지요. 하지만 도파민형 투자자들의 경우, 실패는 마치 처음부터 선택지에 아예 없는 것으로 생각합니다. 반드시 성공할 것이라는 근거 없는 기대감만 갖고 있죠. 그런데 이러한 집착만으로는 결코 투자에 성공할 수 없습니다. 빅터 프랭클Viktor Frankl이라는 학자는 역설 의도라는 기법을 기반으로 한 '로고 테라피'가 도파민형 투자자에게 유효할 것이라고 주장했습니다. 로고 테라피의 핵심은 지나치게 완벽함만 추구하다 보면 오히려 집중력이 떨어진다는 것입니다. 즉, 성공만 바라보는 도파민형 투자자는 올바른 판단을 내릴 수 없습니다. 도파민형 투자자의 머릿속은 투자에 대한 생각으로 꽉 차 있습니다. 하루 종일 스마트폰만 쳐다보면서 끊임없이 투자에 대해 생각하죠. 이렇게 되면 우리 뇌는 오직 도파민만 분출하게 됩니다. 감정과 수면 등을 조절하는 세로토닌의 분비가 극히 제한되는 거죠. 쉽게 말해, 뇌가 마치 2~3일 동안 잠을 자지 못한 몸처럼 극악의 컨디션을 보이게 됩니다. 과연 피로감에 젖은 뇌가 제대로 된 분석과 판단을 도출해낼 수 있을까요?

안영빈·박혜선 부부와 마찬가지로 스스로 '투자자'라고 생각하는 수많은 이가 자신들의 행보를 당시 상황에 발 빠르게 적응해온 투자의 결과물이라고 여길 것이다. 하지만 그들의 행보는 그저 투자라는 이름의 가면을 쓴 투기 혹은 도박일 따름이다.

투자를 투자답게 만드는 근거, '여유'

충분한 공부를 통해 자신만의 투자 기준을 세우고, 이를 기준으로 안정적이고 지속가능한 분야를 선택하는 것이야말로 올바른 투자의 기본적인 구조라고 할 수 있다. 주식시장에는 '내 귀에까지 들어올 정보면 이미 쓰레기나 마찬가지다'라는 격언이 있다. 자신의 정보력이나 능력을 과신하지 말라는 일종의 경고 메시지다. 많은 사람이 자신의 결정을 지나치게 맹신하는 경향이 있다. 문제는 대부분의 사람이 최종 결정을 내리는 데 있어서 어떠한 합리적인 판단이나 논리적 근거도 존재하지 않는다는 것이다. 누구나 자신의 행위가 '투자'라고 주장하지만, 냉혹하게 평가하면 그저 '도박'이나 다름 아니라고 말하는 것은 바로 이런 이유에서다.

대한민국을 대표하는 전통 식품인 간장과 된장, 고추장 등은 세월의 흐름과 함께 가치 또한 높아진다. 오랜 인고의 시간을 견뎌낸 뒤에야 한국을 대표하는 깊고 풍부한 맛을 낼 수 있는 것이다. 투자 역시 이와 마찬가지다. 책 몇 권, 동영상 몇 편, 강의 몇 번, 수박 겉핥기와 다름없는 짧은 공부만으로는 결코 진정한 성공을 맛볼 수 없다는 사실을 기억해야 한다.

🔍 안영빈

저는 평생 투자는 저와 상관없는 일이라고 생각하며 살았습니다. 실제로 저희 친척 중에 투자를 했다가 크게 손해를 본 분이 계셔서 그런 생각은 더욱 확고해졌죠. 그런데 아내의 권유로 주식 투자를 시작하게 됐습니다. 결과는 당연히 처참했죠. 코로나 관련 이슈로 우연히 급상승한 한 종목을 제외하고는 줄줄이 손실을 기록했습니다.

돌이켜 생각해보면 충분한 사전 준비 없이 막연하게 장밋빛 미래가 기다리고 있을 거라는 착각에 도취됐던 것 같습니다. 그 어떤 근거도, 이유도 없었죠. 그냥 '반드시 투자 원금의 10배, 20배로 올라라'라는 허황된 기도를 했을 뿐입니다. 제 주변에도 비슷한 사례는 수없이 많습니다. 지금 당장 투자 버스에 올라타지 않으면 평생 버거운 현실을 벗어나지 못할 거라는 초조함에 충분한 공부 없이 종목을 선택하는 식이죠. 다른 사람들이 제 이야기를 통해서 이런 잘못된 투자 행태에서 벗어나길 바라는 마음입니다. 그들의 초조함은 누구보다 잘 알고 있지만, 그럴수록 여유를 갖고 현재 자신이 얼마나 준비되어 있는지 냉정하게 되짚어보기 바랍니다.

한 투자자는 고수익 전문직인 자신의 직업을 지렛대 삼아 2억 원가량을 대출 받아 암호화폐에 투자했는데, 1년이 지난 현재(2022년 1월 기준) −45퍼센트의 수익률을 보이고 있다고 털어놓았다. 소위 '사'자 직업 가운데 하나를 가진 그는 자신만의 투자 철학을 내세우며 '코인이 미래다'라고 주장하면서 2억 원이라는 거금을 이름조차 생소한 암호화폐에 투자했다. 그가 '근거'라고 보여준 전문가의 암호화폐 관련 동영상은 유튜브나 인터넷, 각종 커뮤니티에서 떠도는 낭설, 그 이상도 그 이하도 아니었다. 하지만 이미 암호화폐에 마음을 빼앗긴 그는 주변의 우려와 걱정을 오히려 '오지랖'이나 '시기' 정도로 치부해버렸다.

'내 주변에서 코인으로 집을 산 사람이 있다'거나 '지인 중 한 명이 ○○코인으로 100억 원을 벌었다' 같은 주장을 하면서도 정작 그 주인공이 누구인지는 밝히지 못하는 이해할 수 없는 상황이 반복된 지 1년. 결국 인터뷰를 통해 그는 1억 원에 가까운 손실을 냈음을 고백하며 괴로운 속내를 털어놓았다.

연봉 1억 원을 훌쩍 넘는 고수익자인 그가 암호화폐에 관심을 갖게 된 것은 현재의 수입이 평생토록 보장되는 게 아니기 때문에 하루빨리 괜찮은 집을 마련하고 싶은 초조한 마음 때문이었다. 처음에는 1000만~2000만 원 정도 수익을 보기도 했으나 투자한 1년간 대부분의 기간은 마이너스의 연속이었다. 매일 '암호화폐 투자로 수천억 원을 벌었다'라는 기사가 쏟아지지만 정작 그의 주변에는 암호화폐로 돈을 번 사람이 단 한 명도 존재하지 않았다. 1억 원에 가까운 현재의 손실도 뼈아프지만 무엇보다 큰 문제는 하루 종일 작은 스마트폰만 바라보고 있는 자신의 모습이다. 눈을 뜬 순간부터 잠들기 전까지 암호화폐 거래창만 바라보느라 정신마저 피폐해지는 것을 스스로도 느낄 정도라고 한다.

주식과 달리 암호화폐는 24시간 내내 거래가 이뤄진다. 내가 잠든 시간에도 암호화폐의 가치는 쉴 없이 등락을 거듭하는 것이다. 상상해보자. 내가 지금 1억 원을 A·B·C라는 세 가지 암호화폐에 투자했다. 그런데 이 암호화폐라는 분야는 24시간 내내 초 단위로 가치가 급등락하는 특징이 있다. 점심을 먹을 때 1억 5000만 원이었던 잔고가 식사를 마치고 커피를 마실 때 3000만 원으로 쪼그라드는 일이 일상적으로 일어나는 시장인 것이다. 과연 여러분이라면 정상적인 일상생활이 가능하겠는가? 아마 가격의 오르내림에 따라 기분도 좌우되는 불안정한 일상을 보낼 가능성이 10할에 수렴할 것이다. 이른바 '코인 갤러리'로 불리는 관련 커뮤니티에 급락장에 처한 암호화폐 투자자들이 컴퓨터를 때려 부순 사진을 올리는 것은 결코 과장이 아니다.

그렇다면 20~30대를 중심으로 수많은 이가 이렇듯 불확실성과 부정적인 측면이 넘쳐나는 암호화폐에 투자하는 이유는 무엇일까? 목돈이 필요한 부동산 투자나 수익률이 한정적인 주식과 달리 암호화폐는 진입 장벽이 그리 높지 않다. 몇만 원 혹은 몇십만 원으로도 충분히 투자에 나설 수 있다. 게다가 매일 쏟아지는 소위 '암호화폐 투자 성공기'는 자신도 잘만 하면 소액으로도 큰돈을 벌 수 있을 거라는 '환상'에 빠져들게 한다. 하지만 암호화폐로 큰돈을 벌었다고 주장하는 사람들조차 정확한 근거나 증거를 제시하지 못하는 경우가 허다하다. 비싼 차량이나 시계, 호화로운 생활 등을 SNS에 보여주면서 자신에게 투자할 것을 권하거나 유료 강의 결제를 유도하는 행태가 대부분이다. 이처럼 허구의 투자 성공기를 통해 불특정다수로부터 돈을 '강탈'해가는 것이야말로 암호화폐 시장의 민낯임을 기억해야 한다.

　고대 로마의 한 철학자는 "실패에 이르는 가장 빠른 길은 성급함이다"라는 말을 남겼다. 꾸준함의 상징인 독일에는 '근면은 돌에서 불을 얻게 한다'라는 속담이 있다. 올바른 투자의 모습은 이 두 가지 격언의 교차점에서 확인할 수 있다. 성급함을 경계하고 오랜 시간을 들여 근면하게 투자에 임한다면 소위 '그들(부자)만의 잔치'로 불리는 투자 시장에서 역전만루홈런을 쏘아 올릴 수 있을 것이다. 공부에만 왕도가 없는 게 아니다. 한순간의 꼼수나 행운만 바라는 투자는 결코 삶을 더 나은 길로 인도해주지 않는다. '개구리는 더 멀리 뛰기 위해 웅크린다'는 말마따나 흔들리지 않는 도약을 위해 지금의 초조한 마음을 내려놓고 작은 여유를 품어보기 바란다.

돈의 가치

급할수록 돌아가라

안영빈·박혜선 부부의 가장 큰 문제는 앞서 얘기했듯 도박에 가까운 잘못된 투자 행태를 계속 유지했다는 데 있다.

시장의 일반적인 흐름과는 상관없이 예측 불가능한 흐름을 보이는 암호화폐나 선물, 관련 지식이 전무한 해외 주식 투자 등을 선택한 것에서 문제가 시작됐다. 오늘 볼 수학 시험에 대비하기 위해 일주일 내내 영어를 공부한 꼴과 다르지 않은 어리석은 행동이다.

🔍 박혜선

투자의 시작은 남들과 크게 다르지 않았습니다. 국내 우량주를 중심으로 한 주식 투자가 전부였죠. 제법 오랜 시간 동안 국내 주식에 투자하면서 관련 공부를 병행해 나가다 보니 여러 창구를 통해 이런저런 정보를 접하게 된 게 문제였습니다.

구글이나 아마존 같은 글로벌 기업들에 관심을 갖고 있던 중 뉴스를 통해 '게임스탑'이라는 미국 회사에 대해 알게 됐습니다. 마침 불특정다수가 참가하는 익명의 단체 채팅방에서 게임스탑에 대한 내용이 한창 화두에 오르내렸어요. 여러 사람이 '이때가 기회'라고 주장하면서 해당 회사의 주식을 매입하라고 권했고, 저 역시 나름대로 확신을 갖고 주식을 매수하게 됐습니다. 그리고 그 결과는 아시다시피 참담했죠.

주변 사람들의 부추김에 이름도 낯선 해외 주식 투자에 나선 혜선 씨. 당연히 결과는 참담했다. 헤지펀드의 공매도에 대항하기 위한 개미들의 매수 행진으로 해당 기업의 주가는 연일 상승세를 기록했지만, 정작 그 열매를 맛본 것은 소수에 불과했다. 화무십일홍이라는 말마따나 혜선 씨 역시 초반의 기세를 이어가지 못했고, 주식 투자자들 사이에서 소위 '물렸다'고 표현하는 손실을 기록한 탓에 이러지도 저러지도 못하는 상황에 놓이게 됐다. 위풍당당 자신만만하게 해외 주식 투자에 나섰던 혜선 씨가 '멘붕'에 빠지기까지 그리 오랜 시간이 걸리지 않았다.

게임스탑 주가 폭등 사건
2021년 1월, 월가의 공매도 세력이 게임스탑의 하락에 베팅했다는 소식이 전해지자 주로 젊은 투자자들이 많이 찾는 온라인 커뮤니티 레딧을 중심으로 주식을 대량 매수하자고 의견을 모으며 주가를 폭등시킨 사건이다. 여기에 더해 테슬라의 일론 머스크가 게임스탑을 언급하면서 주가 상승에 기름을 부었다. 이에 헤지펀드들의 손해가 커지자 미국의 대표적인 주식 거래 앱인 '로빈 후드'가 주가 과열을 이유로 개인투자자의 매수를 막으며 게임스탑 주가는 44% 곤두박질쳤다. 이 사건의 여파는 게임스탑 한 종목에 그치지 않았다. 증가된 변동성이 매도 심리를 자극하면서 미국 증시가 하락했고, 그 여파로 전 세계 금융시장이 출렁이는 등 엄청난 파장을 일으켰다.

Q 박혜선

한 번 손해를 보니 마음이 초조해지더라고요. 처음과는 달리 '절대 잃으면 안 돼'라는 두려움이 커진 탓에 자연스럽게 수익률이 낮은 종목은 피하게 됐어요. 결국 게임스탑 이후 선택한 투자 분야는 다름 아닌 '코인'이었습니다. 물론 별다른 공부를 한 것은 아닙니다. 다만 단체 채팅방에서 얻은 정보를 토대로 꽤 유명하다는 코인에만 투자했기 때문에 어느 정도 안심되긴 했습니다. 하지만 '가는 날이 장날'이라고 제가 투자하자마자 코인 시장이 긴 하락장에 들어가더라고요. 손해를 메우려고 선택한 새로운 투자처가 오히려 손해를 더욱 키우는 모양새가 돼버린 겁니다.

동생 돈도 100만 원 정도 받아가지고..

박혜선

근데 갑자기 끝도 없이 폭락하는 거예요

한번 시작된 악순환의 고리는 쉬이 끊어지지 않았다. 상승장에 편승해 어부지리식 수익을 얻으려고 했던 낯선 이국의 주식은 혜선 씨의 가슴에 깊은 생채기를 남겼고, 이를 치료해보고자 선택했던 암호화폐는 상처를 치유하기는커녕 도리어 악화만 시키는 최악의 결과로 되돌아왔다.

근본적인 문제는 대략적인 결과조차 예측하지 못한 채 이른바 '무지성 투자'를 단행한 혜선 씨의 투자 성향이다.

정보의 신뢰성을 보장해주지 않는 창구에서의 '의미 없는 수다'를 통해 얻은 불확실한 정보가 마치 자신만 아는 '특급 정보'인 양 착각에 빠져 의기양양하게 투자에 나선 것이야말로 투자 실패로 인한 참담한 결과보다 심각한 문제다.

뉴욕주민은 혜선 씨의 투자에 대해 '투자가 아니다'라는 평가를 내렸다. 아울러 혜선 씨가 처음 투자한 국내 주식 거래마저도 도박에 가까운 행동이라고 선을 그었다.

🔍 뉴욕주민 투자는 베팅이 아니다

혜선 씨의 얘기를 들어보면, '몇 배 먹었다' 혹은 '얼마를 손해 봤다' 같이 수익과 손실만을 기준으로 자신의 투자를 설명하고 있습니다. 또한 지나치게 자주 주식을 사고팔거나 종목 자체를 바꾸는 경향도 확인됐습니다. 이런 행동은 장소와 종목의 차이가 있을 뿐 '투자 카지노'에서 주식 투자라는 게임, 암호화폐라는 게임, 테마주라는 게임 등 각자 다른 곳에 '베팅'을 하는 도박을 한 것이나 다름없습니다. 이러한 선택은 결코 투자라고 볼 수 없죠. 지금까지 혜선 씨는 합법적인 도박을 한 것에 불과합니다.

현재 우리나라 국민의 십중팔구는 어떤 분야에든 투자를 하고 있다. 넉넉한 자금을 갖춘 이들은 전통적 투자처인 부동산에 많은 돈을 투자하고 상대적으로 적은 금액을 갖고 있는 이들은 주식이나 암호화폐에 투자한다. 최근에는 중·고등학교 학생들이 자발적으로 '투자 동아리'를 만들어 용돈을 쪼개가며 모은 소액을 기반으로 투자에 나섰다는 뉴스도 심심치 않게 들려올 정도다. 이처럼 투자는 어느새 우리 일상 깊숙한 곳에 자리 잡았다. 이제 투자를 통한 자산 증식은 소수의 전유물이 아닌 대다수 국민이 당연히 지향하는 목표가 됐다.

금융자본주의 시대를 살아가는 우리에게는 어찌 보면 자연스러운 수순이지만, 문제는 이러한 투자에 있어 '외부적 요인'이 부정적으로 작용할 수 있다는 것이다.

부동산 가격과 일부 주식, 암호화폐의 폭등은 빈익빈 부익부 현상의 심화를 부추겼다. 별다른 투자 목적 없이 결혼을 계기로 구입한 친구의 아파트가 10억 원 이상 훌쩍 뛰는 모습을 바라봐야 했던 20~30대의 허탈함과 박탈감은 감히 상상조차 할 수 없다.

패닉 바잉이라는 단어가 대변하듯 소위 '영끌(영혼까지 돈을 끌어모은다)'마저 불사한 채 부동산 매입에 나서는 20~30대의 모습이 이제는 특별한 모습이 아니게 됐을 정도로 빈익빈 부익부 문제를 해결하고자 하는 청춘들의 몸부림은 차라리 처절하기까지 하다. '지금이 아니면 영영 현재의 경제적 어려움을 감수하며 살아야 한다'는 위기감이 엄습한 까닭일까. 수많은 청춘이 혜선 씨와 같은 도박에 나서곤 한다. 암호화폐로 수십억, 수백억 원을 벌었다는 다음 뉴스의 주인공이 자신이 될 거라는 근거 없는 믿음으로 모두가 입을 모아 위험하다고 조언하는 불안정한 투자처에 기꺼이 자신의 인생을 내던지는 것이다.

대표적 암호화폐 부정론자인 워런 버핏은 '내가 모르는 분야에 투자하지 않는다'는 투자 철학을 근거로 해당 분야에 자금을 투자하지 않겠다고 단언한 바 있다.

🔍 워런 버핏 자신이 잘 아는 것에 집중하라

저는 제가 완벽하게 안다고 확신하는 분야와 일에 있어서도 종종 큰 어려움을 겪곤 합니다. 당연히 유한가치가 전혀 없는, 게다가 제가 전혀 알지 못하는 분야인 암호화폐에 대한 투자는 단 한 번도 고려해본 적이 없습니다. 물론 암호화폐가 결국 큰 수익을 안겨줄지도 모릅니다. 하지만 저는 그런 불확실한 미래에 의지해 제가 모르는 분야에 뛰어들 생각은 지금도, 앞으로도 갖지 않을 겁니다.

투자의 핵심은 바로 '해당 분야에 대해 내가 얼마만큼 잘 알고 있느냐'입니다. 스스로 그 분야의 전문가라 자부할 수 있다면, 혹은 그 이상의 지식과 경험을 갖고 있다면 지금 당장은 약간 손실을 입더라도 결국 긍정적인 결과를 낼 확률이 매우 높습니다. 하지만 아무런 근거도 없이 맹목적으로 장밋빛 미래만을 꿈꾸며 자신이 모르는 분야에 투자한다? 이건 투자라는 범주를 벗어나는 행위입니다. 결코 닿을 수 없는 신기루와 마찬가지죠.

다시 한 번 강조하지만, 세계 최고의 투자자로 손꼽히는 워런 버핏의 첫 번째 투자 원칙은 '아는 곳에 투자한다'라는 것이다. 평범한 사람은 상상도 할 수 없는 특별한 정보를 손에 쥐는 그조차도 자신이 모르는 분야에는 관심을 갖지 않는다. 반대로 특정 분야에 대한 가능성을 발견했다면, 그 누구보다 철저하게 이에 대한 공부와 경험을 축적해 나가며 끝끝내 큰 수익으로 연결시키고야 만다.

혜선 씨와 워런 버핏의 결정적 차이는 바로 이 지점에 있다. 충분한 공부와 이해, 치밀한 분석과 냉정한 판단을 통해 투자를 결정하는 워런 버핏과는 달리 혜선 씨는 그저 자신의 기분에 따라 행동했다.

물론 두 사람이 갖는 '절박함'은 전혀 다를 것이다. 혜선 씨의 100만 원과 워런 버핏의 1000달러가 같을 순 없다. 하지만 혜선 씨는 자금의 크기를 떠나 투자를 대하는 마음가짐부터 달라져야 한다. 어린아이가 걷지 않고 바로 뛸 수 없듯이 차곡차곡 종잣돈을 모아 투자에 나서 작은 경험들을 쌓아가는 과정을 건너뛰고서는 수억, 수십억 원의 과실을 거둘 수 없다.

수익은 결코 초기 투자 자금의 크기로 결정되지 않는다. 올바른 투자 철학과 합리적인 결정만이 긍정적인 결과로 이어진다는 사실을 기억해야 한다. '급할수록 돌아가라'는 우리네 속담이 품은 깊은 뜻을 다시 한 번 되새겨야 할 때다.

당신의 돈이 이재용의 돈보다 가벼운가?

안영빈·박혜선 부부가 현재 거주하고 있는 집에는 1억 원 이상의 대출이 포함돼 있다. 단순히 계산해서 매달 100만 원씩 대출을 상환한다면 8년 6개월 뒤면 빚 없는 내 집 마련을 이룰 수 있다. 하지만 이 같은 계산에는 커다란 맹점이 존재한다. '과연 현재 집이 우리 가족이 평생 살 만큼 충분히 크고 쾌적한가?'라는 전제가 충족됐느냐는 것이다.

전 세계에서 유례를 찾아볼 수 없을 만큼 우리나라는 '아파트 공화국'이라는 별칭으로 불린다. 특히 서울은 상대적으로 작은 규모가 무색하게 밤새 불이 꺼지지 않는 마천루의 향연이 무엇인가를 제대로 보여주며 세계에서도 인정받는 선진 도시 중 하나로 손꼽힌다.

대한민국에 유독 아파트가 많이 모여 있는 이유로는 여러 가지를 들 수 있다. 좁은 땅덩이의 효율성을 극대화할 수 있다거나 우리나라 상황에 꼭 맞는 주거 형태라는 등 다양한 이유가 있지만, 핵심은 단 하나다. 바로 국민이 가장 선호하는 주거 형태가 바로 아파트이기 때문이다. 최근 부동산 폭등을 선두에서 주도해온 것이 바로 이 '아파트'라는 사실 역시 이를 입증해준다. 사람들은 항상 현재보다 나은 내일을 꿈꾸게 마련이다. 지금 당장 우리나라에서 제일 좋은 집에 살고 있더라도 그보다 월등한 수준의 주택이 등장하면 그곳에서의 삶을 꿈꾸는 것이 당연하다.

Q 안영빈 · 박혜선

현재의 삶이 크게 불편하거나 궁색하지는 않습니다. 하지만 아이들이 점차 커가면서 좀 더 좋은 주거 환경에 대한 욕심이 생기는 것도 사실이죠. 물론 특정 주거 형태가 무조건 좋다는 식의 주장은 아닙니다. 다만 현재 우리나라 주택 시장의 흐름이 아파트를 중심으로 돌아가는 게 사실인 만큼, 저희 역시 자연스럽게 아파트에 눈길이 갈 수밖에 없더군요. 아파트라는 목표를 근로소득만으로는 이룰 수 없다는 판단에 투자를 시작하게 됐지만, 지금까지의 행보는 분명 성공보다는 실패에 가까운 상황입니다.

투자의 목적이 단순히 돈을 버는 데서 그치는 경우는 드물다. 투자는 주거 환경의 개선을 도모하거나 노후자금을 마련하는 등 지금보다 나은 삶으로 나아가기 위한 과정에 지나지 않는다. 투자해서 돈을 벌어 사치와 향락을 즐기겠다는 목적을 가진 사람은 사실상 보기 드물다.

안영빈·박혜선 부부 역시 안락하지만 개선과 발전의 여지가 있는 현재의 상황을 타파하고자 투자라는 수단을 선택했다. 비록 공부가 부족하고 초조한 마음으로 잘못된 분야에 자금을 투자했기에 결과가 썩 좋지는 않았지만, 우리나라 국민 중 꽤 많은 이가 안씨 부부와 비슷한 상황으로 분류될 수 있을 것이다.

경제인구 중 가장 큰 비중을 차지하는 일반 직장인이 한정적인 근로소득을 알뜰살뜰 모아 투자 원금을 마련하는 것은 생각보다 만만치 않은 일이다. 설사 월급의 절반 이상을 수년 동안 꾸준히 저축하더라도 30대 직장인의 평균 연봉을 감안했을 때, 억 단위 이상의 금액을 쌓기까지는 5년 이상의 시간이 필요하다. 때문에 사람들은 투자에 나서기에 앞서 각자의 방식으로 레버리지, 즉 대출을 통한 비용 마련에 나서곤 한다.

안씨 부부 역시 각종 창구를 통해 추가 자금을 마련했다. 다행히 꾸준히 경제 활동을 해온 덕분에 제법 합리적인 금리의 대출 상품을 이용할수 있었다. 하지만 문제는 어렵사리, 그것도 자신의 경제적 상황을 감안했을 때 꽤 부담되는 수준의 대출을 받았음에도 불구하고 너무나 허망하게 그돈을 날려버렸다는 것이다. 첫 시작은 나름의 안전성을 갖춘 주식 투자였지만, 충분한 공부를 하지 못해 결국 큰 손해를 보게 됐다. 이후는 악순환의 연속이었다. 손해를 메꾸기 위해서는 높은 수익률이 기대되는 종목을 선택할 수밖에 없었다. 이에 초 단위로 시세가 급등락하는 암호화폐의 매입·매수를 거쳐 '원수에게도 추천하지 않는다'는 선물 투자까지 건드리고야 말았다.

Q 안영빈

암호화폐에 투자한 이후, 불과 10분 만에 한 달 봉급이 날아가는 일이 비일비재했습니다. 불행 중 다행이었던 건 그나마 빌린 원금이 크지 않아 이자가 감당할 수 없는 수준은 아니라는 사실이었죠. 하지만 손실을 만회하고자 선택한 두 번째, 세 번째 투자에서 연전연패를 기록하면서 만져보지도 못한 돈이 허공으로 날아가자 그 허무함을 이겨낼 수 없었습니다. 차라리 가족끼리 여행을 가거나 아이들의 교육비에 사용했다면 얼마나 좋았을까요. 사치품을 구입하는데 돈을 쓴 것만 못한 결과였습니다. 돈을 잃을 수 있다는 리스크는 전혀 고려하지 않고 막연하게 수익이 생길 거라는 어리석은 확신을 맹신한 게 화근이었죠. 돈을 우습게 본 저 자신이 너무 한심하게 느껴집니다.

돈은 어디에서나 공평한 가치로 사용되지만, 돈의 가치는 사람마다 다르다. 쉽게 말하면 여덟 살짜리 어린아이나 예순 살 어르신 모두 1만 원으로 구멍가게에서 구입할 수 있는 재화는 동일하지만, 평범한 직장인과 이재용 삼성전자 부회장이 대출을 일으켰을 때의 조건은 서로 다르다는 뜻이다. 안영빈·박혜선 부부 같은 절대다수의 '서민'들은 넉넉한 담보와 신용을 갖춘 일부 '부자'에 비해 대출 받을 수 있는 금액이 적을 뿐만 아니라 금리는 높게 적용받는다.

조금 더 극적으로 표현하면, 1000억 원의 자산을 보유한 사람의 1억 원과 1억 원이 전 재산인 사람의 1억 원은 전혀 다른 의미를 가질 수밖에 없다. 때문에 대출 받아 투자하는 평범한 직장인들, 특히 소위 '영끌'마저 감수하며 수익 창출에 나선 이들은 더더욱 돈의 무거움을 깨달아야 한다.

🔍 **뉴욕주민** 돈의 가치 재정립

안영빈·박혜선 부부의 사례를 보면 돈을 너무 가볍게 생각하는 경향이 있으세요. '절대적 대출금은 수천만 원에 불과하다'라고 말할 수도 있지만, 부부의 자산과 대출금의 비율을 1000억 원 자산가에게 동일하게 적용하면 무려 400억~500억 원가량 빚을 진 것과 동일한 수준이라는 사실을 기억해야 합니다. 쉽게 말해 자신이 현재 보유한 자산의 절반 정도를 빚으로 탕진해버린 겁니다. 투자금을 잃었다는 1차원적 결과에 얽매여선 안 됩니다. 공부가 부족했다, 정보가 잘못됐다, 너무 성급했다 등 여러 가지 핑계를 대지만 이런 것이 투자에 실패한 근본적인 이유는 아닙니다. 무엇보다 돈을 대하는 태도가 어긋나 있었던 탓에 이러한 부정적 결과가 나온 것입니다. 돈의 무거움, 빚의 무서움, 투자의 어려움을 이해하려고 노력했다면 결코 참담한 현재에 이르지는 않았을 겁니다.

이 책을 저술하는 과정에서 만난 고등학교 2학년 남학생은 지금까지 저축해온, 그리고 융통 가능한 모든 창구를 통해 마련한 350만 원을 한 암호화폐에 투자했다고 말했다. 혈기왕성한 시기에 수많은 유혹을 꾹 참고 모은 이 학생의 350만 원은 성인의 수억 원과도 감히 비교할 수 없을 만큼 큰 금액이다. 안타깝게도 그 학생이 투자한 이름조차 생소한 암호화폐는 2022년 2월 중순 현재 극악의 마이너스 수익률을 기록하고 있다.

당연히 농담이었겠지만, "투자한 암호화폐가 상장폐지되면 어쩌려고 그런 비주류 코인에 투자했느냐?"는 질문에 이 학생은 "그렇게 되면 마포대교에 가야죠"라고 답했다. 수년간 치열하게 돈을 모으고 주변 친구들에게 사정사정해서 융통한 350만 원이라는 거금을 너무나 가볍게 던져버린 모습이 가슴을 아리게 했다.

물론 이재용 부회장이라고 해서 돈을 물 쓰듯 써대는 것은 아니다. 오히려 어느 누구보다 돈을 존중하고 어려워한다. 자신의 행동 하나하나가 큰 파급력을 갖는다는 사실을 잘 알고 있다 보니, 걸음마저 조심하는 그의 모습에서 '과연 나는 돈을 어떻게 여겨왔는가?' 자문해봐야 한다.

지금 당신이 손에 쥔 돈의 무게는 어느 정도인가? 만약 당신이 그동안 돈의 가치를 카지노에서 베팅하는 칩처럼 여겨왔다면, 지금이라도 돈에 대한 마음가짐을 새롭게 다지길 바란다. 가벼운 돈은 가볍게 날아가기 마련이다. 하지만 돈을 다루는 데 있어서 묵직하고 진중한 태도를 견지한다면, 느릴지언정 확실한 보상이 되돌아올 게 틀림없다.

잘못된 투자는
건강마저 앗아간다

1분 만에 끝난 한여름 밤의 달콤한 꿈

무지성 투자의 부메랑은 결코 자금 손실에 그치지 않는다. 흔히 '투자는 여유 자금으로 해야 한다'고 말하지만, 투자할 정도로 넉넉한 여유 자금을 보유한 이는 흔치 않다. 물론 처음에는 일정 수준의 여유 자금으로 투자에 나서지만, 대다수의 경우 '투자의 맛'을 본 다음부터는 당장의 생활이 가능한 최소한의 금액만 남기고 투자에 나서거나 어느 정도 레버리지(대출)를 이용하는 게 일반적이다.

안영빈·박혜선 부부도 마찬가지였다. 저축을 유일한 재테크 수단으로 여겨오던 영빈 씨는 부인의 지속적인 요청에 이기지 못하고 1000만 원의 여유 자금을 건넸다. 돈을 건네받은 혜선 씨는 곧바로 국내 시가총액 1위 기업의 주식을 중심으로 몇몇 종목에 투자했다. 하지만 그동안 제법 공부를 해왔다 자부하며 보란 듯이 성과를 내겠다는 다짐은 곧 무너져 내리고 말았다.

차라리 이른바 우량주를 매입해 진득하니 보유하고 있었다면 큰돈을 벌지는 못했더라도 큰 손해도 보지 않았을 것이다. 하지만 부부는 각종 창구를 통해 접한 정보와 잠을 줄여가면서까지 관련 분야에 대해 나름대로 열심히 공부해서 얻은 지식을 바탕으로 투자에 적극 나섰다. 쉽게 말해, 여러 주식을 수시로 매수·매도하며 단기 차익을 실현하기 위해 노력했다. 소위 '단타'라고 하는 주식 투자 방식을 따른 결과는 참혹했다. 우연히 얻어걸린 한 종목에서 200만~300만 원 정도 수익을 본 것을 제외하고는 연전연패를 기록했던 것이다. 1000만 원이었던 투자 원금은 어느새 3분의 1로 쪼그라들어 있었다.

대부분 완만한 상승과 하락을 반복하는 주식에 투자해서는 손실을 만회할 수 없겠다는 판단을 내린 안씨 부부가 선택한 다음 투자처는 암호화폐였다. 수년 전 암호화폐 시장은 시세 변동폭이 지금보다 훨씬 컸다. 10원짜리 암호화폐가 불과 한 시간 뒤에 1만 원짜리가 되는 경우도 있을 정도였으니, 정부가 규제할 수 없는 공식 도박장이나 매한가지였다.

Q 안영빈

암호화폐는 주식에 비해 등락폭이 워낙 큰 탓에 선뜻 큰돈을 투자하긴 어려웠습니다. 15만 원, 30만 원, 50만 원 등 스스로 정한 금액만 '베팅'했죠. 지금 생각하면 당시 저는 투자가 아닌 도박을 한 것 같습니다. '투자'라는 단어보다 '베팅'이라는 단어가 먼저 튀어나오다니 말입니다.

하지만 워낙 적은 금액을 굴리다 보니 사실 그렇게 큰 수익이나 손해는 없었습니다. 어떤 날은 몇백만 원 수익을 올렸다가 또 다음 날에는 고스란히 손실을 보기도 했지요. 그런데 본격적인 하락장이 시작된 날, 제게 예상치 못한 큰 행운이 찾아왔습니다. 돌이켜보면 그때 암호화폐 투자를 멈췄어야 했어요.

주식시장에서 초보 주식 투자자들이 큰 수익을 거두는 것을 가리켜 '초심자의 행운'이라고 부른다. 투자에 나선 초보자가 별다른 준비 과정 없이 그저 운에 기대 큰돈을 벌게 되는 경우가 왕왕 발생하는 데서 비롯된 말이다. 이러한 초심자의 행운이 영빈 씨에게, 그것도 암호화폐 투자 과정에서 일어났다.

단돈 50만 원으로 시작한 암호화폐 투자가 초심자의 행운과 맞물려 금세 1000만 원으로 불어나더니 단 한 번의 '베팅'으로 무려 4500만 원까지 늘어났다. 금액을 잘못 기입한 게 아니다. 50만 원이 불과 15일 만에 90배 증가한 4500만 원으로 되돌아오는 일을 영빈 씨는 직접 경험했다.

다소 무리한 투자가 이어졌지만 다행히 결과는 예상과 달리 긍정적이었다. 하루 10만 원, 30만 원씩 상한선을 정하며 투자금을 늘려 나가는 한편 관련 공부를 병행하던 영빈 씨는 어느 날, '투자 적기'라는 판단을 내린 후 과감하게 50만 원을 '베팅'했다. 암호화폐 투자의 호황기라는 전문가의 조언을 다각적으로 검토한 후 영빈 씨 스스로 치열히 고민한 끝에 내린 결론이었다.

영빈 씨의 판단은 적어도 15일 동안은 맞아떨어졌다. 50만 원으로 시작한 투자 자금은 불과 2주 만에 1000만 원으로 늘어났고, 이를 매도함으로써 통장에 실질적으로 해당 금액이 찍히기도 했다. 투자 원금의 20배에 이르는 큰돈이었지만, 그동안의 손실을 따졌을 때 여전히 수천만 원의 금액을 허공에 날린 상황이었다. 영빈 씨는 내친걸음, 다시 한 번 일생일대의 '승부' 혹은 '도박'에 나서기로 했다.

Q 안영빈

제게도 나름대로 암호화폐 투자의 기준이 있었습니다. '내 능력 이상의 돈을 투자하지 않는다', '절대 잃지 않는다' 등 어찌 보면 너무나 당연한 얘기들이었죠. 처음에는 이러한 '나만의 투자 원칙'을 제법 잘 지켜 나갔습니다. 초반에 큰 수익을 보지는 못했지만, 그렇다고 돈을 몽땅 잃을 정도의 손실도 입지 않을 수 있었던 이유입니다. 하지만 몇 달 동안 수십에서 수백만 원의 수익과 손실의 지루하고 소소한 교차가 반복되자 이내 답답함이 밀려오더라고요. 자연스럽게 처음 세웠던 나만의 투자 원칙을 깨면서 조금씩 투자금을 늘리거나 리스크가 큰 종목을 선택하게 됐습니다.

Q 안영빈

암호화폐 투자로 50만 원이 1000만 원으로 불어났지만, 큰 수익을 거뒀다는 기쁨은 없었습니다. 오히려 그동안 잃은 돈만 생각나더라고요. 주식으로 수백, 수천만 원 손실을 본 상황이었기에 암호화폐에 대한 맹목적인 믿음만 커졌죠. 20배 이상의 수익률을 기록한 건 처음이었지만, 암호화폐 투자를 시작한 후에는 제법 수익을 내는 편이었기 때문에 그런 생각은 더욱 강해졌습니다.

이에 20배로 늘어난 암호화폐를 전량 매도해서 투자 원금을 재장전하고 다시 한 번 과감하게 투자에 나서야겠다고 다짐하게 되었습니다.

머릿속 계산기는 바쁘게 돌아갔다. '1000만 원의 20배면 얼마지?', '운이 좋으면 10억 원을 벌 수 있을지도 몰라', '언제 어느 종목에 투자해야 할까?' 등 수많은 상념이 영빈 씨를 채근하기 시작했다.

암호화폐 투자를 가리켜 '도박'이라고 표현했지만, 사실 당시 영빈 씨는 '정당한 투자'라는 믿음이 굳건했다. 1000만 원이라는 거액의 투자 원금을 손에 쥔 후에는 더욱 조심스럽고 꼼꼼하게 투자 종목을 고르려고 노력했다. 그동안 구독했던 전문가들의 강의와 각종 정보의 신뢰성을 재차 확인하거나 암호화폐 커뮤니티를 통해 수십 차례 질의응답을 주고받았다. 여기서 한 발 더 나아가 전문가에게 일정 금액의 비용을 지불하고 소위 '독점 정보' 혹은 '특급 정보'를 제공받는 유료 상담 서비스를 이용하기도 했다. 영빈 씨 나름대로는 투자 실패 확률을 줄이기 위해 가능한 모든 조치를 실행에 옮긴 셈이다.

깊은 새벽으로 향해가던 시간, 영빈 씨는 1000만 원을 모두 암호화폐에 투자했다. 암호화폐의 무서움이라는 게 바로 이런 걸까. 거짓말처럼 불과 1분 만에 1000만 원이 무려 4500만 원으로 늘어났다. 그동안의 손실을 복구하는 것을 뛰어넘어 꽤 많은 수익을 기록하게 된 것이다. 뛰어오를 듯이 기쁜 마음으로 혜선 씨에게 이 사실을 알린 영빈 씨는 의기양양했다. '가족 전체의 손실'을 오롯이 본인 혼자만의 능력으로 해결해냈다는 자부심이었을 터다. 혜선 씨 역시 누구보다 영빈 씨의 성공적인 투자에 기뻐했다. 일상을 좀먹기만 했던 부부의 투자 역사에서 가장 기쁜 찰나의 순간이었다.

🔍 안영빈

1000만 원을 손에 쥔 후 다시 투자에 나설 때까지의 몇 시간은, 제 인생을 통틀어 무언가에 가장 집중한 순간이라고 단언할 수 있습니다. '절대 돈을 잃지 않겠다'는 절박함 덕분인지 수십 페이지에 달하는 강의 내용 요약본을 한 번 읽었는데도 달달 외울 정도였습니다(웃음). 짧지만 꾹 압축된 공부를 마친 끝에 저는 다시 한 번 암호화폐에 투자해도 좋다는 결론에 이르게 됐습니다.

결과론적인 이야기이지만 거기서 멈췄다면, 부부의 삶은 지금과 조금은 달라졌을지도 모른다. 능력 이상의 대출로 힘겨워하던 가계부가 이 수익으로 인해 정상으로 되돌아감으로써 아이들과 더 많은 시간을 보내며 행복한 추억을 쌓을 수도 있었으리라.

4500만 원이 들어 있는 계좌를 본 후 혜선 씨는 영빈 씨를 응원해주며 다시 한 번 투자에 나설 것을 권유했다. 물론 영빈 씨도 이 성공으로 자신감이 최고조에 올라 있었기에 자신 있게 추가 투자에 나섰다. 4500만 원이 10억 원, 20억 원이 되는 것도 꿈이 아니라고 생각했다. 지금까지 하던 대로만 하면 4500만 원을 몇억 원으로 만드는 건 아주 쉬운 일이라는 '착각'에 빠진 것이다.

'추락하는 것은 날개가 없다'라고 누가 말했던가. 아주 달콤했던 한여름 밤의 꿈이 무너지는 데 걸린 시간은 겨우 10초에 불과했다. 영빈 씨가 특정 암호화폐를 구입하고 눈을 한 번 깜빡인 순간, 4500만 원이 2500만 원을 거쳐 1500만 원으로 급전직하한 것이다.

Q 안영빈

처음에는 '컴퓨터 오류인가?'라는 생각밖에 들지 않았습니다. 숫자가 완만하게 줄어드는 게 아니라 눈 한 번 깜빡일 때마다 1000만 원씩 뚝뚝 떨어지더라고요.

분명 지금 당장 뭔가를 해야 하는데 어떤 행동도 못 하는 인지부조화 상태가 이어졌습니다. 잠시 뒤 방에 들어온 아내가 제게 '얼마를 더 벌었느냐'고 묻더군요. 이미 잔고는 1500만 원까지 떨어진 상황이었습니다.

안영빈 남편

1,200만 원 가까이 배팅을 누르고 바로 진입을 했죠

'이거 복구해야 한다!'

10초 만에
2,500만 원 증발

급하게 남은 투자금을 회수한 영빈 씨는 그 어느 때보다 큰 상실감에 빠지고 말았다. 만져보지도 못한 4500만 원이라는 돈이 눈앞에서 허망하게 날아가버렸다는 사실을 도저히 받아들일 수 없었던 것이다. 안영빈·박혜선 부부는 마치 무엇인가에 홀린 듯이 1500만 원을 더더욱 위험한 종목에 몽땅 투자해버렸다.

부부가 암호화폐의 명과 암을 동시에 맛본 날은 소위 '코인판 블랙프라이데이'였다. 당시 암호화폐는 역사적인 하락장을 기록했고, 수많은 투자자가 말 그대로 '모든 것'을 잃은 절망의 하루였다. 안영빈·박혜선 부부가 마지막이라는 심정으로 투자한 1500만 원이 휴지 조각이 될 때까지는 그리 오랜 시간이 걸리지 않았다. 하룻밤 사이에 아예 코인 자체의 상장이 폐지되면서 투자 원금조차 건사하지 못하게 된 것이다. 투자라는 가면을

쓰고 도박을 한 도파민 성향의 투자자, 좀 더 정확히 말하면 '갬블러'가
겪은 악몽의 시간이었다.

무지성 투자, 당신의 투자가 백전백패인 이유

결국 영빈 씨의 첫 투자 성공은 한여름 밤의 꿈으로 끝을 맺고야 말았다.
주마등처럼 머릿속을 스쳐간 장밋빛 미래는 금세 신기루처럼 사라져버렸
다. 투자 성공이 대실패로 전환되는데 걸린 시간은 불과 1분 남짓. 영빈
씨의 투자가 성공으로 귀결되지 못한 이유는 눈앞에서 사라지는 돈을 붙
잡기 위해 무리한 선택을 강행했기 때문이다. '더 이상은 절대 돈을 잃을
수 없다'는 절박함이 초조함으로 치달으며 평소라면 염두에 두지도 않았
을 분야에 '베팅'하고 만 것이다.

영빈 씨가 초조함을 느끼게 된 이유는 아내의 연이은 투자 실패와 맞닿
아 있다. 영빈 씨보다 한 발 앞서 투자에 관심을 갖고 실제로 실행에 옮겨
온 혜선 씨는 오래전부터 자신만의 방식으로 다양한 분야에 도전장을 던져
왔다. 하지만 채 여물지 못한 지식으로 어설프게 투자에 달려들었던 탓에
혜선 씨의 투자금은 점차 쪼그라들었다. 영빈 씨에게 지원받은 1000만
원이 반 토막 이하로 줄어든 것이다. 혜선 씨는 '장기 투자'라고 주장하지
만, 영빈 씨의 입장에서는 소위 '물렸다'고밖에 받아들일 수 없는 상황이
었다.

🔍 박혜선

어렸을 때부터 투자에 관심을 가져왔고, 결혼한 후에도 아이들을 돌보며 틈틈이 이에 대해 공부해왔기 때문에 내심 좋은 성과를 거둘 수 있을 거라는 근거 없는 자신감을 갖고 있었던 것 같습니다. '투자의 귀재'로 불리는 워런 버핏의 "연수익 10~20퍼센트만 꾸준히 낼 수 있으면 당신이 바로 세계 최고의 투자자"라는 말처럼 꾸준한 수익을 올릴 수 있는 안정적인 투자를 도모했어야 했는데, 빨리 큰돈을 벌고 싶은 욕심에 위험한 분야에 뛰어들었습니다. 잘 알지도 못하는 해외 주식 공매도와 선물 투자, 암호화폐 등 리스크만 가득한 투자 포트폴리오의 전형이었지요. 결국 남편이 준 돈 1000만 원은 물론 개인적으로 가지고 있었던 쌈짓돈까지 구렁텅이에 밀어넣고 말았습니다.

혜선 씨의 투자가 연전연패했다는 소식에 당연히 영빈 씨는 강하게 중단을 외쳤다. 하지만 혜선 씨는 "본전만큼은 찾고 싶다"며 이를 거부했고, 수백 퍼센트의 수익률을 기대하며 점차 위험한 분야로 투자를 이어갔다.

혜선 씨의 투자 실패 과정은 아이러니하게도 '투자 실패의 교과서'로 꼽힐 만큼 모든 부정적 요소가 한데 모여 있다. 가장 먼저 자신이 투자하기로 결정한 분야에 대한 기본적인 이해와 공부가 선행되지 않았다. 개미지옥의 시발점인 해외 주식 공매도 투자의 경우, 그저 몇몇 기사와 동영상을 통한 수박 겉핥기식 정보 수집이 투자 준비 과정의 전부였다. 선물 투자나 암호화폐는 더더욱 문제가 심각하다. 해외 주식은 선물이나 암호화폐에 비해 그나마 안전성이 보장된 분야다. 반면 선물 투자는 투자 전문가들조차 "원수가 한다고 해도 말리고 싶다"라고 표현할 정도로 위험성이 매우 높은 분야다. 암호화폐 역시 '합법적 카지노'라는 평가를 받을 정도로 유동성이 높은 탓에 기존 투자 종목과는 궤를 달리한다.

준비가 턱없이 부족한 상태에서 투자에 뛰어들었으니 어찌 보면 혜선 씨의 백전백패는 당연한 수순이었다. 아무리 강조해도 지나치지 않은, 투자지능을 키우기 위한 끊임없는 공부의 중요성을 다시 한 번 확인할 수 있는 지점이다. 또 다른 문제는 투자를 도박으로 받아들이는 태도다. 수개월 동안 위험한 투자를 이어가던 혜선 씨의 입버릇은 "본전만 찾으면 그만두겠다"였다. 잘못된 투자로 기록한 손실을 도박적 승부수로 만회하겠다는 초조한 마음이 올바른 판단을 저해한 모양새다.

박종석 정신과 전문의는 혜선 씨의 투자 과정을 살펴본 후 즉흥적 투자 성향으로 인한 문제점을 지적했다.

Q **박종석** 충분히 공부하고 신중히 고민하라

우리가 똑같은 실수를 반복하는 것은 인지·감정·행동의 삼각형에서 사고력이 감정이라는 변수에 영향을 심하게 받기 때문입니다. 특히 안영빈·박혜선 부부 같은 도파민 성향의 투자, 즉 '도박형 투자'를 하는 젊은 사람들은 대뇌 VTA central tegmental area (복측피개구역)에서 시작되는 보상회로가 과도하게 자극돼 있을 가능성이 높습니다. 이러한 경우, 전두엽의 통제 기능에 문제가 생기기 때문에 욕망이나 감정을 조절하기 어려워집니다. 이를 해결하기 위해서 혜선 씨는 물론 영빈 씨도 세로토닌적 사고 습관을 기르고 충동적·감정적인 부분을 조절하기 위해 노력할 필요가 있습니다. 또한 혜선 씨의 경우 머릿속에 떠오르거나 귀동냥으로 정보를 듣고 나면 즉각적으로 행동에 옮기려는 경향을 보이는데, 이러한 패턴 역시 도파민 성향의 투자에 해당됩니다. 투자는 그 어떤 분야보다 행동으로 옮기기 전에 충분한 공부와 고민이 필요한데도 불구하고 그저 그때그때 기분이 이끄는 대로 수백만 원을 툭툭 던졌습니다. 카지노에서 베팅하는 갬블러와 무슨 차이가 있는지 스스로에게 질문해보시기 바랍니다.

무지성 투자의 부정적 여파는 단순히 투자금의 손실에서 끝나지 않는다. 만약 투자 비용이 말 그대로 여유 자금이었다면, 손실 수준과 상관없이 부부의 일상은 크게 달라지지 않았을 것이다. 하지만 안영빈·박혜선 부부가 투자한 금액은 대부분 레버리지, 즉 대출을 활용해 마련한 돈이었다는 게 문제였다.

영빈 씨의 외벌이로 가정을 이끌어가고 있는 상황에서 과도한 빚을 감당하는 것은 점점 더 힘겨워졌다. 적극적으로 혜선 씨의 투자를 말리던 영빈 씨는 손실만 기록한 혜선 씨의 투자 결과에 큰 실망감을 표현했다. 본인이 수차례 경고했음에도 불구하고 혜선 씨가 고집스럽게 위험한 투자를 이어왔다는 사실에 화가 났던 것이다. 무엇보다 당장 매달 갚아야 할 대출 원금과 이자가 커다란 부담으로 다가왔다. 아내가 추가로 대출 받은 수천만 원의 금액이 온 가족의 목을 조르는 부메랑으로 되돌아온 것이다.

이 같은 현실을 해결하기 위해 혜선 씨는 새벽 생수 배달에 나섰다. 이후 매일 저녁부터 다음 날 새벽까지 일하는 고단한 생활이 반복되고 있다. 가족과의 평범한 일상은 이미 먼 나라 이야기가 돼버렸다. 장사를 마치고 들어오는 영빈 씨에게 아이를 맡긴 뒤 부리나케 생수 배달에 나서느라 부부가 제대로 얼굴을 마주하는 시간조차 거의 가질 수 없는 상황이다. 무지성 투자로 인한 실패가 투자자 개인이 아닌 가족 구성원 전체에게 깊은 상흔을 남긴 것이다.

Q 박혜선

돌이켜 생각해보면 투자에 나선 저는 카지노에 들어가는 갬블러와 같은 마음가짐이었던 것 같습니다. 돈을 잃으러 카지노에 가는 사람이 존재하지 않듯, 저 역시 돈을 잃을 거라는 사실은 조금도 염두에 두지 않았거든요. 자신이 투자하려는 분야에 대한 깊은 이해는 커녕 공부조차 제대로 하지 않았음에도 불구하고 '무조건 수익을 낼 수 있다'는 착각에 빠져버린 거죠.

이후로는 악순환의 연속이었습니다. 영빈 씨가 지원해준 금액이 연이은 투자 실패로 줄어들자 여러 창구를 통해 대출을 얻어 손실을 복구해보고자 했습니다. 초조한 마음에 높은 수익률을 기대할 수는 있지만 위험성이 높은 분야에 투자하게 됐고, 결과는 모두 아는 것처럼 더욱 나빠졌습니다.

🔍 박종석 성공의 열매와 실패의 상처

투자는 성공할 수도 있고, 실패할 수도 있습니다. 하지만 투자의 성패를 단순히 수익적 측면에서 재단해서는 안 됩니다. 예를 들어, 결과적으로 100억 원의 수익을 냈더라도 그 과정에 수많은 우여곡절이 있었던 탓에 가족 모두가 뿔뿔이 흩어졌다면, 그 투자를 과연 성공이라고 평가할 수 있을까요?

투자의 성공으로 인한 혜택이 가족 구성원 모두에게 돌아가듯, 실패의 상처 또한 모두가 감당해야 할 몫이라는 접근이 필요합니다. 이러한 인식을 재정립하다 보면 투자자는 보다 신중하게 투자에 접근할 수 있게 될 겁니다.

투자의 목적은 결국 더 나은 삶의 추구로 귀결된다. 가격이 비싼 건강 보조제나 영양제, 보약을 사서 먹는 이들 중 건강을 해치고 싶어 하는 사람은 없다.

투자 역시 마찬가지다. 투자에 나선 사람 중 어느 누구도 손실을 입기 위해 자신의 돈을 쏟아붓지 않는다. 더 나은 삶을 위해 선택한 투자라는 수단이 오히려 자신의 일상을 위협하는 양날의 검이 되지 않게 하기 위해서는 꾸준한 공부를 통해 투자지능을 키우려는 노력이 반드시 수반돼야만 한다.

투자가 뭐라고
가족까지 등을 돌려야 하나

돈이 행복의 전부가 아니라고? 헛소리!

대부분의 사람은 다른 사람에게 자신의 약점을 들키는 순간, 입이 얼어붙거나 이러한 사실 자체를 외면하려고 애쓴다. 자신의 치부를 들키는 건 평생토록 익숙해지지 않는, 그리고 결코 익숙해질 수 없는 최악의 상황인 까닭이다.

　상황에 따라 다르겠지만, 기본적으로 부부 사이에는 '사기죄'가 성립하지 않는다. 부모 자식 사이에도 촌수가 나뉘지만 세상에서 단 한 사람, 바로 배우자끼리는 혼인신고와 동시에 '무촌' 관계를 새롭게 부여받는다. 이처럼 부부란 세상에서 가장 가깝고 서로 존중해야 할 소중한 관계다. 하지만 정작 현실의 부부 사이에서는 수많은 문제가 발생한다. 우리나라 이혼율이 OECD 국가 중 미국과 스웨덴에 이어 3위를 차지한다는 사실에서도 부부 관계를 유지하는 데 있어 많은 곡절이 발생한다는 것을 미뤄 짐작할 수 있다.

사랑해서 결혼했지만 현실적인 문제에 직면해 서로에게 상처를 주는 부부에게 가장 먼저 다가오는 문제는 대화의 단절이다. 혹자는 "부부싸움을 할 정도면 아직 애정이 남아 있는 것"이라고 말한다. 대화의 단절이라는 극단적인 상황은 상대방에게 아무런 기대감 혹은 감정이 존재하지 않기에 벌어지는 일이라는 의미다.

안영빈·박혜선 부부 역시 이러한 대화의 단절을 꽤 오랜 기간 이어가고 있다. 조금 더 냉정히 평가하면, '선택적 대화 거부'라는 표현이 더욱 적절할 것이다. 넉넉하지는 않았지만 그리 부족하지도 않았던 평범한 부부의 삶에 균열이 가기 시작한 건 남편이 아내에게 1000만 원의 투자금을 지원한 후였다.

의미 없는 가정이지만, 만약 혜선 씨가 투자를 통해 수익을 올렸다면 부부 관계가 크게 나빠지거나 가족간에 냉기가 흐르는 일은 없었을지도 모른다. 하지만 결과적으로 아내는 연이은 투자 실패로 인해 큰 손실을 봤고, 결국 본인이 갖고 있던 돈에 대출까지 얹어 무리한 투자에 나섰다. 하지만 사전 지식이 전혀 없는 분야에, 그것도 제대로 된 공부조차 하지 않은 채 성급한 투자를 단행한 혜선 씨가 수익을 거두는 것은 불가능한 일이었다. 남편이 큰마음을 먹고 건넨 1000만 원은 물론 고이 간직해왔던 쌈짓돈과 빚까지 더한 투자 원금이 마이너스 60~70퍼센트를 기록하자 아내는 입을 다물어버렸다.

그 결과 이들 부부의 삶은 살얼음판을 딛는 지경에 이르렀다. 자영업을 하는 영빈 씨는 일반 직장인에 비해 집에 늦게 들어오는 편이다. 예전이라면 아이들을 꿈나라로 보낸 후 아내와 가볍게 대화를 나누곤 했을 테지만 투자로 인한 손실이 불어날수록 부부 사이의 거리는 조금씩 멀어졌다. 더욱 가슴 아픈 건 냉랭한 집안 분위기에 아이들 역시 슬슬 눈치를 보기 시작했다는 사실이다. 조심하려고 노력했지만 종종 울컥 치미는 화를 억누르지 못해 아이들 앞에서 좋지 않은 모습을 보이길 여러 차례. 처음에는 영문을 몰라 마냥 울던 아이들이 이제는 입을 틀어막으며 애써 무서움을 억누르려는 모습을 보이고 있는 것이다.

🔍 안영빈

처음에는 수익을 내든 손실을 내든 서로 많이 이야기하려고 노력했습니다. 하지만 눈앞에서 계속 손실이 불어나다 보니 제 마음도 덩달아 초조해지고 불안해지더라고요. 저도 모르게 짜증을 내거나 목소리가 커지는 일이 늘어났어요. 그러다 보니 어느 순간부터 아내가 먼저 제게 말을 하지 않더라고요. 수익이라도 올렸다면 상황이 달랐겠지만, 그렇지 않아도 크게 손실을 보고 있는 터였기에 저와의 대화를 피하려는 모습이 역력했습니다.

Q 안영빈

어느 순간부터인가 집 안에서 웃음이 사라졌습니다. 이제는 현관 문을 여는 순간, 대강이나마 그날의 손익이 어떤지 짐작할 수 있 을 정도가 됐습니다. 그나마 수익이 생긴 날에는 집 안 조명이 제 법 밝은 편이지만, 큰 손실을 입었을 때는 발조차 잘 보이지 않을 정도로 어두운 집이 저를 맞이하거든요. 그럴 때면 아예 아내와 말을 섞지 않으려고 합니다. 괜히 위로한다고 한 마디, 두 마디 건 네다 보면 결국 감정싸움으로 번지는 경우가 많았기 때문이죠.

저도 직접 경험하기 전까지는 투자 실패가 단순히 금전적 손해에 그치지 않는다는 것을 간과하고 있었습니다. 돈이 행복의 전부는 아닐지라도 우리의 일상을 지켜주는 가장 기본적이고 필수적인 안전망이라는 사실을 뼈저리게 깨달은 시간이었습니다.

상승장 하락장
집 현관 에서부터 느껴지는 분위기

이 아이들은
무슨 죄인가...

안영빈 과장님

제가 3일 정도 아이들과 같이 자면서 울었어요

안영빈·박혜선 부부는 대한민국 가정의 평균에 가까운 조건을 갖추고 있다. 대다수 가정이 이들 부부와 마찬가지로 각자의 방식으로 투자에 나서며 더 나은 삶을 향한 도전을 이어가고 있다. 지난 수년 새 우리는 이른바 '제로 금리 시대'를 맞이했다. 한창 경제 전선에서 일하고 있는 20~30대가 평생 처음으로 부담 없이 레버리지(대출)를 이용할 수 있는 환경을 만난 것이다. 이제는 익숙해진 '영끌'이라는 신조어가 탄생한 배경 역시 이자가 크게 낮아진 시대적 흐름에서 찾을 수 있다.

하지만 우리나라에 유례없는 투자 열풍을 불러온 제로 금리 시대는 점차 서산으로 기울고 있다. 1~2년 전만 해도 2퍼센트대에 머물던 각종 대출 이율이 최근 전세자금대출 및 주택담보대출 등 주요 상품을 중심으로 급격한 상승세를 보이고 있는 것이다. 실제로 서민들이 집을 마련하는 과정에서 주로 활용되던 주택담보대출의 경우 현재 5퍼센트 안팎의 이율이 책정돼 있다. 쉽게 말해 레버리지를 이용할 때의 부담감이 높아졌다.

당연한 얘기이지만, 레버리지를 이용하는 비용보다 큰 수익을 얻는다면 아무런 문제도 발생하지 않는다. 안영빈·박혜선 부부의 대화 단절과 이로 인한 냉랭한 가정 분위기는 이러한 전제가 성립되지 못했기에 발생한 것이다. 게다가 이들 부부의 투자 일지는 '실패'라는 성적표를 발급받을 정도로 형편없는 게 사실이다. 누구나 자신의 실패는 꼭꼭 숨기고 싶은 법이지만, 안영빈·박혜선 부부는 오히려 그들의 이야기를 공개적으로 풀어놓았다. 지금 이 순간에도 잘못된 투자를 이어가고 있는 수많은 사람들에게 자신들을 반면교사 삼아 실패의 구렁텅이에서 빠져나오라고 외치기 위함이다.

Q 박혜선

투자 실패는 비단 저희만의 문제가 아니에요. 작게는 주변 지인부터 영역을 확장해보면 투자 관련 커뮤니티에서도 수많은 이가 자신들의 '실패담'을 풀어놓더라고요. 과정이나 손실 금액은 각자 다르지만, 그들 모두가 한목소리로 주장하는 건 '공부의 중요성'입니다.

아무리 빨라도 늦는 게 후회라는 말처럼, 저희 부부 또한 큰돈을 잃고 나서야 투자에 실패한 이유를 알게 됐습니다. 저희 부부가 SNS를 통해 투자 실패 일지를 공유하는 이유는 바로 여기에 있습니다. 부끄럽지만 아마 많은 이가 저희와 같은 실패를 겪으며 행복했던 가정에 조금씩 균열이 일어나고 있을 겁니다. 부디 저희 이야기를 통해 보다 올바른 방법으로 투자해서 높은 수익과 가정의 행복이라는 두 가지 목표를 달성하길 바라고 또 바라봅니다.

브레이크가 고장 난 슈퍼카

수억 원을 호가하는 소위 '슈퍼카'를 타고 해안도로를 달리는 건 많은 남성의 로망이다. 부의 상징이자 자신의 재력을 대변하는 슈퍼카 오너 드라이버의 어깨가 으쓱한 건 어찌 보면 당연한 일이다. 하지만 아파트 한 채가격에 해당하는 최신 슈퍼카라고 해도 브레이크가 고장 났다면 열 살 먹은 경차만도 못한 애물단지나 다름없다. 안영빈·박혜선 부부의 투자 성향은 바로 이 '브레이크가 고장 난 슈퍼카'의 모습을 고스란히 닮았다. 투자를 진행하는 데 있어 생각과 실행 사이의 간격이 지나치게 짧다는 의미다. 좋은 말로는 '실행력이 강하다'고 할 수 있지만, 투자라는 분야에서는 '너무 성급하다'라고 평가될 수밖에 없다. 박종석 정신과 전문의 역시 부부의 이러한 성향을 지적하며 "한 숨 쉬어가는 여유를 가져야 한다"고 조언했다.

🔍 박종석 투자는 감정이 아닌 이성으로

안영빈·박혜선 부부는 무언가를 생각하자마자 곧바로 행동에 옮기는 투자 패턴이 보이고 있습니다. 충분한 심사숙고를 거치더라도 자신의 예상과 다른 결과가 나오는 게 투자라는 분야인데, 너무 즉흥적인 측면이 많습니다. 인지와 행동 사이에 시간적 여유를 두고 감정을 컨트롤할 수 있는 이성의 힘을 기르는 것이 중요합니다. 투자할 때 머리에 떠오르면 바로 사는 게 아니라 최소한 일주일 정도는 고민해보고 자금을 투입할지 여부를 결정하고, 2~3명의 지인 혹은 전문가의 의견을 경청하는 과정을 거쳐야 합니다. 무엇보다 자신이 '투자 초보'라는 사실을 명확하게 인식해야 합니다. 자기 자신에 대한 확신을 갖는 건 좋지만, 자칫 아집으로 발전할 수 있기 때문에 항상 자신에 대한 경계심을 늦추지 않는 철저한 자기 관리가 필요하다는 사실을 기억해야 합니다.

자동차의 브레이크는 하나이지만, 이들 부부의 투자에는 고장 난 브레이크가 하나 더 있다. 자신의 능력을 넘어서는 레버리지를 사용함으로써 일상마저 위협하는 극단적 투자 성향이다. 전문가들이 투자 초보자들에게 건네는 조언 중 하나는 바로 '여유 자금으로 시작해라'이다. 처음 투자에 나서는 이들이 수익을 올리는 것은 쉽지 않은 일이니 설사 돈을 잃더라도 일상에 크게 문제가 생기지 않을 정도의 금액만 투자하라는 의미다.

물론 안영빈·박혜선 부부도 처음에는 자신들이 감당할 수 있는 수준의 금액만 운용하려고 노력했다. 하지만 지속적인 손실을 기록하자 소위 한 방을 노리는 투자 방식을 찾게 됐고, 자금이 부족하자 이율이 높은 레버리지를 이용하게 된 것이다. 이에 대해 박종석 전문의는 부부에게 '○○만 원 투자법'을 제안했다. 매주 혹은 매달 정해진 금액 안에서만 투자하는 절제적 투자 습관을 길러야 한다는 것이다.

🔍 박종석 투자의 브레이크를 수리하라

두 분의 투자 방식에는 브레이크가 없어요. 뭔가 생각나면 곧바로 실행에 옮겨야 하고, 자금이 부족하면 어떤 방식, 어떤 조건이든 상관없이 돈을 마련하려고 동분서주하죠. 누차 말씀드리지만, 이런 잘못된 투자 방식일지라도 수익만 거둔다면 일상에 악영향을 미치지 않을 겁니다. 문제는 대부분, 아니 거의 전부라고 해도 좋을 정도로 반드시 큰 손실을 볼 수밖에 없는 구조라는 데 있습니다. 지금 안영빈·박혜선 부부에게 필요한 것은 브레이크를 수리하는 것입니다. 생각을 실행으로 옮기기 전에 충분히 고민할 수 있는 '여유의 브레이크' 하나. 그리고 일정 기간 동안 운용할 투자금의 한계를 정해서 수익률과 상관없이 그 안에서 '만' 투자하는 일종의 '천장 투자'를 실행할 것을 권해봅니다. 자신의 판단과 능력을 너무 과신하지 않도록 항상 스스로를 경계함으로써 보다 건강한 투자 생활을 이어갈 수 있길 바랍니다.

안영빈·박혜선 부부의 또 다른 문제는 투자를 대하는 마음가짐에서 찾을 수 있다. 부부가 세운 투자 원칙 중 하나인 '절대 돈을 잃지 않는다'는 투자자라면 누구나 첫 손가락에 꼽는 항목일 것이다. 이런 원칙은 수익이 다소 적더라도 손실만 기록하지 않는다면 적어도 현재의 일상은 유지할 수 있으리라는 '이상적 가정'을 기반으로 한다. 하지만 안영빈·박혜선 부부가 스스로 '투자 원칙'이라고 주장하는 항목들의 내용을 살펴보면 사실 '희망 사항'에 가까운 허무한 바람에 불과할 뿐이다. '돈을 잃지 않는다'는 원칙을 세운 건 사실이지만, 이를 결과로 이끌어내기 위한 준비 과정이 전혀 뒷받침되지 않았기 때문이다.

어느 누구도 개인이 일방적으로 내세운 원칙을 현실화시켜주지 않는다. 냉혹한 투자 시장은 안영빈·박혜선 부부처럼 전혀 준비돼 있지 않은 헛된 망상가들을 환영한다. 투자 시장이 원활하게 돌아가려면 누군가는 돈을 잃어야 하는데, 그럴 확률이 매우 높은 게 바로 이러한 잘못된 자기 확신에 빠진 이들이기 때문이다. 무엇보다 큰 문제는 돈을 잃지 않아야 한다는 원칙이 강박으로 되돌아온다는 점이다.

투자란 항상 수익과 손실이 공존할 수밖에 없는 분야임에도 불구하고 손실이라는 부정적 측면을 애써 배제하려는 이들 부부의 원칙은 오히려 스스로를 상처 입게 만드는 강박에 불과하다.

🔍 **박종석** 완벽에 대한 강박을 버려라

빅터 프랭클의 로고 테라피에 따르면, 어떤 일에 대해 과도하게 불안해하면 오히려 그것에 실패하기 쉽습니다. 불안함이 잘못된 판단과 행동으로 이어지는 것을 경계해야 한다는 의미입니다. 또한 모든 일을 완벽하게 하려면 오히려 집중력이 떨어져서 결과가 좋지 않을 확률이 높아집니다. 전문가와 함께 초조함과 불안을 억누르고 전두엽의 기능을 높이는 훈련을 반복함으로써 이러한 문제점을 치료해 나갈 것을 권유합니다.

반복된 투자 실패는 안영빈·박혜선 부부의 성격마저 조금씩 변화시켰다. 어둑한 집 안의 조명은 그들 부부의 우울함으로 이어졌고, 번번이 손실만 기록하는 잔고는 잦은 다툼으로 귀결됐다. 널뛰는 감정 탓에 아이들과의 거리도 멀어진 상태다. 물론 이 모든 상황의 근본적인 원인은 투자의 첫 단추를 잘못 꿴 부부에게 있다. 안영빈·박혜선 부부가 조금 더 여유로운 마음으로 열심히 공부하고 철저하게 투자를 준비했다면 지금과 같은 상황에 내몰리지 않았을 것이다.

어려운 결정이지만, 안영빈·박혜선 부부는 자신들의 이야기를 세상에 공개하기로 결정했다. 어설픈 위로나 투자에 실패한 '동지'들의 공감을 바란 것은 아니다. 그저 우리나라의 절대다수를 차지하는 평범한 투자자들이 자신들의 사례를 통해 올바른 투자의 방법을 깨닫고 이를 실천에 옮기기 바라는 마음일 뿐이다.

무지성 투자로 인한 손실과 과도한 빚으로 초래된 가정의 파괴. 안영빈·박혜선 부부의 투자 일지에는 투자가 보여줄 수 있는 최악의 결과가 고스란히 압축돼 있다. 안영빈·박혜선 부부가 이 책을 통해 독자에게 전하고자 하는 가장 절박한 메시지는 바로 '지금이 한 템포 쉬어갈 때다'라는 것이다. 지금 당장 투자에 나서지 않으면 영영 경제적 낙오자가 될 것 같은 불안감을 억누르고 충분한 준비와 공부를 병행하는 과정을 우선해야 한다. 교과서를 한 번도 보지 않고 좋은 점수를 기대할 수 없는 것처럼, 투자에 대한 공부가 선행되지 않는다면 결코 수익을 기록할 수 없다는 사실을 기억해야 한다.

많은 돈이 꼭 행복을 보장해주는 것은 아니다. 하지만 금융자본주의 사회 한복판에서 돈이 부족한 삶은 힘겨울 확률이 높다. '돈'이라는 한 글자는 수많은 얼굴을 갖고 있다. 수십 년 전 부모님 세대는 돈에 대한 욕심을 공공연하게 밝히는 행동을 속물적이라고 평가했다. 또한 돈을 향한 맹목적인 추종으로 인해 자칫 일상의 균형이 무너지지 않는지 항상 경계할 것을 강조했다.

 하지만 시대의 변화와 함께 돈의 얼굴도 바뀌었다. 이제 돈은 우리 일상을 지켜주는 최소한의 안전장치이자 삶을 앞으로 나아가게 하는 동력으로 인식되고 있다. 아이 한 명을 성인이 되기까지 양육하는데 필요한 최소 금액이 3억 원을 훌쩍 넘는 시대에 과연 돈의 가치를 폄하할 수 있을까? 부부의 사랑, 나아가 가족의 일상과 가정의 행복을 지키기 위한 최소한의 조건이 무엇인지 스스로에게 질문을 던져보길 바란다.

3

돈의 세대 차이

부모 세대의 돈 ——————— ⑤

부모 세대, 성실과 근면, 저축과 절약

드라마 〈응답하라 1988〉을 보다 보면 은행에 다니는 남편이 연이율 17퍼센트짜리 적금 통장을 아내에게 건네는 장면이 나온다. 또 다른 장면에서는 자신의 월급이 담긴 두툼한 봉투를 통째로 아내에게 내밀며 관리를 맡기는 모습이 그려진다. 시청자들은 이 장면에서 우리네 부모 세대의 두가지 특징을 미뤄 짐작할 수 있을 것이다.

한 가지는 과거에는 은행들이 선보이는 금융상품의 연이율이 무려 17퍼센트에 달할 정도로 높았다는 사실이다. 앞서 언급했듯, 세계적인 투자전문가라 하더라도 20퍼센트에 가까운 연평균 수익률을 기록하는 건 매우 어려운 일이다. 전업투자자가 아닌 일반적인 투자자라면 연간 5퍼센트의 수익을 내는 일도 쉽지 않다. 1970~1980년대 경제 활동을 해온 우

리 부모 세대가 "성실하게 저축해서 가정을 꾸리고 집을 마련해라"라고 말하는 이유를 짐작할 수 있는 지점이다. 물론 현재는 설사 은행이 원금의 100퍼센트에 달하는 이자를 주더라도 대한민국 직장인의 평균 연봉을 받는 이들이 서울 혹은 수도권에서 아파트를 마련하는 것은 퍽 어려운 일이다. 과거에 저축만으로도 집을 마련할 수 있었던 건 높은 이율과 더불어 현실적으로 도달 가능한 수준의 시세를 형성한 부동산 시장의 흐름이 맞물렸기 때문이다.

부모 세대가 보여주는 두 번째 특징은 가족 구성원간의 역할 분담이 분명한 경우가 일반적이었다는 사실이다. 쉽게 말하면 가장은 주로 경제 활동을 해서 가족의 생활비를 충당하고, 아내는 남편이 벌어오는 돈을 살뜰하게 운용하는 식으로 역할이 나뉘었다. 월급날이면 통닭이 들어 있는 종이봉투를 품에 안고 들어와 아이들에게 안겨준 후 아내에서 노란색 급여 봉투를 건네는 아버지의 모습에서 우리는 부모 세대가 꾸려온 전형적인 가정의 형태를 알 수 있다.

아버지가 한 달 내내 일해서 받은 급여로 가족 모두가 생활을 영위하고 그중 일부를 덜어내 매달 적금에 넣어 목돈을 만들어서 필요한 곳에 사용하던 과거의 자산 운용 방식에서 우리 부모 세대가 갖고 있는 돈에 대한 인식을 확인할 수 있다. 부모 세대에게 돈은 자신을 위한 것이 아니라 가족 전체, 즉 '우리'를 위한 최소한의 가치였다. 부모 세대에게 있어 돈은 곧 가족의 일상과 맞닿아 있었다. 아버지는 열심히 일해 더 많은 수입을 올리기 위해 노력했고, 어머니는 남편이 힘겹게 벌어온 돈으로 가족 모두의 일상을 유지하고자 애썼다.

이렇듯 자신보다는 가족의 행복을 추구하는 부모 세대의 특징과 타인의 잣대보다는 자신의 가치를 무엇보다 중시하는 MZ세대의 특징을 분명히 보여주는 부녀의 사례를 소개한다.

사랑하는 아내와 눈에 넣어도 아프지 않은 딸과 단란한 가정을 꾸려온 김진호 씨(대구, 61세)에게 돈은 가족의 행복을 지탱하는 최소한의 안전장치였다. 단 한 번이라도 수입이 끊기면 자신뿐만 아니라 가족 모두에게 힘겨움이 닥친다는 사실을 어느 누구보다 잘 알고 있었기에, 말 그대로 비가 오나 눈이 오나, 바람이 부나 천둥번개가 치나, 어떤 상황이 닥쳐도 일을 쉬지 않았다.

김희원, 김진호 부녀

사실 부녀는 잘 나가는 사업가다

공장 두 개를 운영하면서 행복한 가정을 이루고 있습니다

명품 소개로 유명한 유튜버

🔍 김진호

제가 특별한 일을 해왔다고는 전혀 생각하지 않습니다. 제 친구들이나 주변 지인들 역시 크게 다르지 않은 일생을 살아왔으니까요. 가족을 위해 우직하게 일하고 자식들이 커가는 모습에서 행복을 느끼는 게 저희 세대의 행복이자 기쁨이었습니다. 요즘 세대들은 상상도 못 하겠지만 저희 때는 주말이 따로 없었습니다. 직장인들은 토요일에도 당연히 일해야 했고, 일요일이라도 상사가 나오라고 하면 불만 없이 출근해야 했죠. 주 5일 근무가 당연해진 요즘에는 받아들이기 힘들 겁니다.

지금 20~30대와 대화하면서 '라떼는 말이야~'라는 말로 포문을 연다면 소위 '꼰대'라는 평가를 피하지 못할 것이다. 모든 세대는 저마다의 십자가를 지고 있다. 과거가 현재보다 힘들었다는 표현으로는 공감을 얻기 어렵다.

물론 과거 우리 부모 세대의 물리적인 노동 시간이 상대적으로 길었음은 분명하다. 단순 비교를 해봐도 현재의 주 40시간을 1970~1980년대에 적용할 수는 없다. 달을 벗 삼아 출근하고 별을 올려다보며 퇴근하는 일상이 당연하게 받아들여지던 사회 분위기가 바로 우리 부모 세대에게 주어진 십자가였다.

'미친 집값'에 덜미 잡힌 자식 세대의 절망

그렇다면 그들의 '자식 세대'에 해당하는 현재 20~30대에게 주어진 십자가는 무엇일까? 수많은 단어가 머릿속을 채우지만, 2030세대는 그중에서도 아마 '집'을 첫손가락에 꼽으리라 확신한다. 아무리 열심히 일해도, 월급을 단 한 푼도 쓰지 않고 100퍼센트 저축하더라도 바다 건너 보이는 신기루 같은 현재의 '미친 집값'은 어쩌면 자식 세대 젊은이들의 꿈마저 앗아가고 있는지 모른다.

🔍 김진호

그래도 우리 세대는 10~20년만 열심히 저축하면 작은 집이라도 살 수 있었습니다. 어느 정도 종잣돈을 모으면 은행에서 제법 낮은 이율로 넉넉하게 대출을 받아 집을 살 수 있었어요. 그런데 지금 우리 아이들은 말 그대로 '로또'라도 맞지 않으면 스스로의 힘으로 집을 마련하기가 너무나 힘든 상황입니다. 학자금 대출이라도 없으면 다행이죠. 몇 년 전 어느 기사에서 본 얘기인데, 대학교 졸업생 중 꽤 높은 비율의 학생들이 사회생활을 시작하기도 전에 수천만 원의 학자금 대출을 받는다고 하더군요. 한 학기 등록금이 웬만한 대기업 부장급 월급을 훌쩍 뛰어넘을 정도니, 같은 부모로서 그들의 고충을 충분히 이해할 수 있습니다.

과거와의 절대적인 비교는 무의미하지만, 분명한 사실은 현대 사회에서는 평균적인 근로소득만으로는 충분히 만족스러운 일상을 영위하기 어렵다는 것이다.

지난해 기준, 대기업 신입 사원의 평균 초봉은 4100만 원 수준으로, 실제 수령액은 매달 300만 원에 채 미치지 못한다. 우리나라 30대의 한 달 평균 카드 사용액이 100만 원이니, 이를 제외한 나머지 200만 원을 모두 저축한다고 가정하더라도 꼬박 4년을 모아야 1억 원을 채울 수 있다.

여기서 잠깐. 지금까지의 계산은 모두 '대기업'을 전제로 했을 때 가능한 일이다.

우리나라 기업의 98퍼센트 이상을 차지하는 절대다수의 중소기업에 재직한다면 상황은 걷잡을 수 없이 열악해진다. 2021년 기준, 대한민국 중소기업 신입 사원의 초봉은 2800만 원에 불과하다. 이 경우 신용카드 사용은커녕 '숨만 쉬며 돈을 모아야' 4년에 1억 원을 저축할 수 있다는 계산이 나온다.

일주일에 한 번뿐인 짜장면 혹은 돈가스 외식, 아버지가 월급날마다 품에 안고 돌아오는 통닭 한 마리, 생일이나 크리스마스에 받을 수 있던 선물 상자 등 부모 세대가 한창 경제 활동을 할 때는 비정기적으로 들어가는 돈이 그렇게 많지 않았다. 월급의 대부분은 미래를 위한 최고이자 (거의) 유일한 투자처인 은행 예금으로 귀속됐고, 절약이 미덕이라는 사회적 분위기마저 형성돼 있었다.

하지만 현재는 과거와 상황이 크게 달라졌다. 예전에는 일주일에 한 번만으로 충분했던 외식이 이제는 치맥(치킨+맥주)같이 '가벼운 식사'로 인식이 변화된 지 오래다. 코로나19 팬데믹을 핑계로 매일 저녁 배달 음식을 주문하거나 주말이면 고가의 메뉴가 즐비한 맛집 투어에 나서는 게 일상이 되어버렸다. '현대인의 생활필수품'으로 자리 잡은 휴대전화와 인터넷, TV 등으로 인해 4인 가족 기준 20만 원 안팎으로 형성된 '통신비'도 과거에는 존재하지 않던 추가 지출이다.

Q 김진호

흔히 '고정비'라고 하죠. 식비나 의류 구입비 등을 포함한 생활비와 통신비, 아이들의 용돈, 정기적으로 납입해야 하는 학자금, 매달 고려해야 하는 일정 수준의 경조사비 등 우리 가족이 평범한 일상을 영위하는데 필요한 최소 금액이 수백만 원에 달합니다. 아이들이 결혼하거나 행여 차나 굵직한 가전제품을 바꿔야 할 일이 생기면 수백에서 수천만 원의 비용 지출을 감수해야 합니다. 다행히 지금까지는 가족들이 큰 어려움 없이 생활할 수 있을 정도의 돈을 벌어왔고, 넉넉하지는 않지만 아이들의 결혼 자금도 어느 정도 마련해놨습니다. 이제 힘이 닿을 때까지 일하면서 저희 부부의 노후자금과 기타 여유 자금을 늘리는데 주력할 계획입니다.

부모 세대의 돈, 가족을 지켜주는 안전망

우리 부모 세대에게 있어 가장 첫 번째 가치는 '가족'이었다. 아버지가 주말까지 반납한 채 하루 열두 시간 이상 고된 노동을 감수한 것도, 어머니가 콩나물 한 줌 가격에 목숨을 건 이유도 모두 가족들이 더 나은 일상을 영위하도록 하기 위함이었다.

당연한 말이지만, 과거와 현재의 상황은 너무나 다르다. '세대 차이'라는 단어로 이 모든 것을 덮을 수는 없지만, 부모와 자식이 서로의 삶이 다름을 인정하려는 노력은 반드시 필요하다. 다만 오롯이 가족을 위해 살아온 부모 세대의 노고를 무시해서는 안 된다. 사랑하는 우리 가족의 안전망, 그것이 바로 우리 부모 세대가 지켜온 돈의 본질이다.

MZ세대, 공정과 평등, 자아에 주목한다

MZ세대는 1980~2000년대 초반 출생한 '밀레니얼[M] 세대'와 1990년대 중반부터 2000년대 초반 출생한 'Z세대'를 아우르는 신조어다. 쉽게 말해 1980년대부터 2000년대 초반 사이에 출생한 사람들이 MZ세대에 포함되며, 일반적으로 베이비붐 세대(6·25전쟁 직후인 1955년부터 1974년까지의 출생자)를 부모로 둔 이들을 통칭할 때 사용한다.

밀레니얼 세대는 최초의 글로벌 세대이자 인터넷 시대를 관통한 이들이다. 밀레니얼 세대는 일반적으로 인터넷과 모바일 기기, 소셜 미디어[SNS]에 매우 익숙하다는 특징을 갖는다. Z세대는 1990년대 중후반에서 2010년대 초반에 탄생한 인구를 대상으로 하는 인구통계학적 집단이다. Z세대의 특징은 미국의 교육 전문가인 마크 프렌스키 Marc Prensky가 지난 2001년 내놓은 '디지털 네이티브 Digital Native(원어민)'라는 단어로 압축할 수 있다. Z세대는 인터넷과 각종 디지털 기술과 함께 성장한 최초의 세대로 디지털 기기를 마치 원어민처럼 능숙하게 다룬다고 해서 디지털 네이티브라는 호칭을 부여받았다. 즉, 1980~2010년대에 탄생한 모든 세대를 아우르는 것이 바로 MZ세대인 것이다.

IMF 외환위기와 글로벌 금융위기, 최근 발생한 코로나19 펜데믹까지 수많은 우여곡절을 거친 MZ세대는 기존에는 없던 매우 특별한 성향을 보여준다. MZ세대의 가장 큰 특징은 집단보다는 개인의 행복을 추구하는 경향이 강하다는 것이다. 과거 조직에 대한 충성을 최고의 미덕으로 여겼던 우리 부모 세대의 직장 생활은 MZ세대에게 그저 먼 나라 이야기일 뿐이다. 수직적인 관계와 이로부터 파생되는 일방적인 지시, 하루 열두 시간 이상의 과도한 근무 등 직장 생활의 불합리한 면모를 모두 감수하며 가정을 이끌어온 부모 세대와 달리 MZ세대에게 있어 최우선 가치는 공정과 평등이다.

Q 신재용 MZ세대에게 공정이라는 가치

서울대학교 회계학과 교수

2021년 1월 말, 저는 SK하이닉스와 관련된 놀라운 기사를 접했습니다. 4년차 사원이 기업 대표를 포함한 2만 9000여 명의 전 직원에게 '성과급의 기준을 알 수 없다'라는 내용의 메일을 보냈다는 내용이었습니다. 이 초유의 사태에 최태원 SK 회장이 직접 나서서 자신의 연봉을 반납해 구성원들에게 돌려주겠다는 답을 전달했죠. 그러자 곧바로 '무슨 재난지원금이냐'라는 볼멘소리가 터져 나왔습니다. 저는 일련의 과정을 보고 정말 깜짝 놀랄 수밖에 없었습니다. 저 역시 조직에 대한 무조건적인 충성을 강요하는 건 옳지 않다는 입장이지만, 이렇듯 자신의 목소리를 상사, 그것도 인사권을 갖고 있는 기업의 대표에게 직접적으로 전달한다는 건 쉽지 않은 일이거든요. 그만큼 MZ세대가 공정이라는 가치를 중요하게 생각한다는 의미입니다. 서울대 회계학과 교수로 MZ세대인 학생들을 가르치면서도 절실히 느끼는 바입니다.

MZ세대가 원하는 것은 '자신이 일한 만큼의 정당한 대가'다. 자신이 투입한 시간과 노력에 비례해 회사에서 정확하게 보상을 지급하는 공정한 등가교환 시스템을 바라는 것이다. 여기서 중요한 지점은 돈(월급)과의 교환이 이뤄지는 시간이라는 재화의 양을 정하는 것도 오롯이 MZ세대의 몫이라는 사실이다. 하루 평균 근무 시간이 두 자릿수를 넘어가는 게 당연했던 30~40년 전과 달리 MZ세대는 일과 삶의 밸런스, 즉 '워라밸Work·Life Balance'을 매우 중요하게 여긴다. 정당한 보상이 주어지더라도 자신의 일상에 악영향을 미칠 정도라면 단호하게 이를 거부한다.

미래의 행복, 현재의 행복

사례 1

얼마 전까지 국내 모 법무법인에 다니고 있었던 박진성 씨(가명, 36세)는 지난해 5월 퇴사를 결심했다. 20대의 마지막 해 변호사 자격을 획득한 후 퇴사하기 전까지 약 6년간 법무법인에 다닌 박 씨의 평균 연봉은 1억 원을 훌쩍 넘을 정도로, 또래에 비해 꽤 많은 돈을 벌었다. 하지만 '세상에 공짜는 없다'라는 말마따나 1억 원이 넘는 높은 연봉은 박 씨의 건강과 일상을 빼앗아갔다. 건강검진에서 각종 수치가 위험 수준까지 오르기도 했다. 처음에는 젊음을 무기 삼아 어떻게든 버텨보려고 했지만, 통장에 차곡차곡 쌓이는 잔고와 달리 자신의 삶이 전혀 행복하지 않다고 느낀 박 씨는 결국 퇴사를 결심하게 됐다.

힘겨운 일상이 반복되면서 점차 회의감을 느끼던 박 씨가 퇴사를 결심하게 된 결정적인 사건이 닥친 것은 지난해 3월이었다. 함께 일하던 동료 변호사가 갑작스러운 퇴사를 단행한 것이다. 동료 변호사는 평소에 '사내 최고의 워커홀릭'이라는 평가를 받아왔다. 파트너 변호사에게 제공되는 널찍한 단독 사무실 한편에 아예 작은 침대까지 들여놓고 일주일에 2~3일은 회사에서 머무르며 업무에 매몰된 일상을 이어갔던 것이다.

박 씨보다 몇 배 이상 높은 연봉을 받던 15년차 파트너 변호사인 그가 퇴사한 이유는 '가족'에게 있었다. 50대 나이에 임원진으로 승진할 것으로 기대되던 동료 변호사는 자신에게 이혼을 통보한 아내의 행동에 큰 충격을 받았다고 한다. 아내는 오래전 유학을 떠난 아이들이 이제 고등학교에 들어갈 정도로 충분히 성장했으니 더 이상 교집합이 없는 가정을 유지할 이유가 없다는 뜻을 전했다. 이에 동료 변호사는 망설임 없이 직장을 떠났고, 현재는 자신의 사무실을 운영하며 가족과 함께하는 시간을 늘리려고 노력하고 있다.

박 씨는 동료 변호사의 모습에서 자신의 미래를 봤다. 성공을 목표로 달려온 수년간의 공부와 6년간의 회사 생활이 자신의 삶을 옥죄는 족쇄처럼 느껴졌다. 물론 지금까지 자신이 이뤄온 성과가 불만족스럽다거나 부끄러운 건 아니었다. 다만 그동안 너무 돈이라는 편협한 목표만 바라봐 왔다는 불편한 사실을 새삼 깨닫게 됐을 뿐이다. 성공을 가늠하는 기준을 '돈'에 둔다면 당연히 과거의 직장을 선택해야 했을 것이다. 지금의 직장 역시 결코 적은 연봉은 아니지만, 예전에 비하면 당장의 금액은 물론 향후 기대되는 연봉 상승액도 상대적으로 초라한 수준인 게 사실이기 때문이다. 하지만 돈이 아닌 박 씨 스스로의 삶을 판단의 기준으로 바꾼다면, 현재의 직장이 단연코 우위에 있음이 분명하다. 큰 문제가 발생하지 않는 한 정해진 시간에 출퇴근하고, 저녁과 주말이 있는 삶을 살 수 있는 까닭이다.

바로 이 지점에서 부모 세대와 MZ세대 사이에 놓인 건널 수 없는 '돈의 세대 차이'를 확인할 수 있다. 부모 세대는 소위 '자신을 갈아 넣는 한이 있더라도' 한 푼이라도 더 많은 돈을 버는 것을 최고의 미덕으로 여겨온 반면 MZ세대는 자기 자신의 행복에 집중하려는 경향을 갖고 있다. 물론 이러한 차이가 MZ세대가 돈을 가볍게 여긴다는 의미는 결코 아니다. '소비의 시대'라고 할 만큼 수많은 소비처가 존재하는 현대 사회에서 MZ세대는 자신의 행복한 삶을 유지하기 위해서는 반드시 돈이라는 요소가 뒷받침돼야 한다는 사실을 누구보다 잘 알고 있다.

가족의 행복한 미래를 무엇보다 중요하게 여겨온 우리 부모 세대와 불확실한 미래보다는 현재의 풍요로움을 더욱 중요시하는 MZ세대의 서로 다른 삶의 방식을 단순히 '세대 차이'라는 무책임한 단어로 재단해버려서는 안 된다. 삶의 방식이 달라졌다고 해서 돈의 가치가 사라지는 것은 아니기 때문이다. 다만 돈을 버는 목적이 어디를 향하느냐의 차이가 존재할 뿐이다.

돈에 대한 인식에 옳고 그름은 없다. 가족을 위해 자신을 희생했던 우리 부모 세대의 선택을 그들의 자식에게까지 강요할 수는 없는 노릇이다. 다만 한 가지 기억해야 하는 것은 우리 삶을 지탱하는 여러 가지 요소 중 '돈'이라는 가치는 시대를 막론하고 반드시 중요하게 꼽힌다는 사실이다. 부모 세대와 MZ세대가 돈을 바라보는 시각에 큰 차이를 보이는 것은 피할 수 없는 시대적 흐름이다. 하지만 우리가 더 나은 삶으로 나아가기 위해서는 이 돈이라는 희대의 요물을 제대로 다룰 줄 아는 기술을 익혀야 만 한다는 것도 부모 세대나 MZ세대나 마찬가지다. 아울러 올바른 투자를 통해 우리 삶을 지탱해주는 돈이라는 이름의 기둥을 더욱 튼튼하게 만들기 위해서는, 투자지능에 대한 끊임없는 공부와 노력을 병행해야 할 것이다.

부모 세대의 투자

투자지능의 필요성은 어제오늘 일이 아니다

암호화폐, 메타버스, NFT^{Non-Fungible Token}('대체 불가능한 토큰'이라는 뜻으로 희소성을 갖는 디지털 자산을 대표하는 토큰을 가리킨다) 등 현대 사회에서는 하루가 다르게 수많은 신문물과 신기술이 쏟아져 나온다. 그러나 인터넷과 모바일에 익숙하지 않은 부모 세대 중 대다수는 매일 새롭게 선보여지는 분야를 이해하려고 노력하기는커녕 관심조차 갖지 않는 경우가 태반이다. 이러한 신문물과 신기술이 단순히 개인의 일상에 적용되느냐 여부에 그친다면 약간의 불편함만 감수하면 그뿐, 큰 문제로 이어지지는 않을 것이다. 예를 들어 60대 어르신이 모바일 뱅킹에 영 익숙해지지 못한다면 직접 은행을 찾아가면 그만인 식이다.

하지만 해당 신기술 분야에 대한 투자로 주제를 옮기면 상황은 사뭇 달라진다. 우리 부모 세대의 경우, 대부분 새로운 분야에 대한 투자를 저어하는 경향이 짙다. '사람은 자신의 경험을 토대로 생각한다'라는 말처럼 부모 세대에게 있어 투자란 그 무엇보다 '안전성'을 확보했느냐 여부가 가장 중요했다. 부모 세대의 투자가 갖는 특징을 명확하게 대변하는 지점이다.

소위 '새마을 세대'인 김진호 씨의 투자 행보는 전형적인 기성 세대의 투자라고 평가할 수 있다. 그저 우직하고 정직하게 땀 흘려 일해서 번 돈을 저축해 가정을 꾸리고 집을 늘려 나가는 일련의 과정은 동시대를 살아온 우리네 부모 세대가 갖고 있는 투자에 대한 인식을 고스란히 보여준다.

Q 김진호

저는 20대 중후반 국내 모 대기업에 입사했습니다. 1980년대 후반이었죠. 당시만 해도 근로소득만 차곡차곡 모으고 간간이 나오는 보너스(성과급)를 얹으면 가정을 이끌어 나가는데 큰 문제가 없었습니다. 저 역시 7~8년 정도 직장 생활을 하면서 모은 돈으로 현재의 자동차 정비 관련 사업을 시작할 수 있었으니까요.

제가 직장에 다닐 때 거의 모든 동료들과 지인들의 유일한 투자 방법은 바로 저축이었습니다. 부동산이나 주식 등은 안중에도 없었죠. 다만 지금에 와서 돌이켜보면 1980~1990년대는 집값이 크게 오르지 않았던 덕분에 이러한 일이 가능했다는 생각이 듭니다. 최근 몇 년 사이에 2~3배 이상 집값이 폭등한 일이 과거에도 일어났다면, 저 또한 큰 절망감을 느꼈을 것 같습니다.

부모 세대의 투자, 안전 또 안전

과거 아버지이자 남편이라는 위치는 한 가정의 마지막 보루나 다름 아니었다. 가장의 성공이 곧 가정의 풍요로움으로 연결되고, 가장의 실패가 가정의 어려움으로 이어지는 게 당연시되던 시절이었다. 때문에 한 가정의 가장에게 있어 투자는 '100퍼센트 안전이 보장되지 않는 한 실행에 옮겨서는 안 되는 선택'에 지나지 않았다. 진호 씨 역시 그러한 마음가짐으로 인해 무리한 투자를 극도로 꺼려왔다.

물론 진호 씨가 평생토록 저축 이외의 투자를 하지 않은 것은 아니다. 자신의 사업을 시작한 후 수완을 발휘하며 제법 큰 수익을 올리기도 했다. 사업이 성공을 거두며 규모가 크게 늘어난 덕분에 대출을 얻어 두 번째 사업체를 차리기도 했다. 오랫동안 익혀온 독자적인 기술력과 성실함, 자동차 보급이 폭발적으로 증가하는 사회적 분위기 등이 맞물리면서 제법 높은 수익을 꾸준히 기록했다. 누구보다 열심히 일해온 덕분에 내 집 마련은 물론 꽤 많은 저축액까지 보유하게 된 진호 씨는 자연스럽게 투자로 눈을 돌리게 됐다.

마침 40대 중반에 접어든 그는 또래 지인들을 만날 때마다 부동산과 주식 등 투자 관련 이야기를 지겹게 들어오던 차였다. 1970~1980년대 오직 일에만 매달렸던 대다수 기성 세대도 이와 비슷한 행보를 보였다.

Q 김진호

수십 년 동안 열심히 일한 덕분에 가족 모두 나름대로 행복한 생활을 이어갈 수 있었습니다. 다정한 남편이자 자상한 아빠였다고는 자신 있게 말할 수 없지만, 적어도 가족들에게 경제적 어려움을 느끼게 하지는 않았다고 확신합니다.

우여곡절을 넘긴 후 제법 순탄한 삶을 살게 됐지만, 40대를 훌쩍 넘기고 보니 어느 정도 투자의 필요성이 느껴지더라고요. 만나는 친구들마다 "누가 부동산으로 몇억 원을 벌었다"라거나 "지금이 주식에 투자하기 좋을 때다" 같은 말을 늘어놨습니다. 실제로 한 친구는 주식으로 크게 돈을 벌어서 모임에 외제차를 끌고 나오기도 했습니다. 물론 그런 소모적 소비를 부러워했던 건 아닙니다. 다만 예전에 10~20퍼센트에 달하던 은행 이자가 급격하게 쪼그라든 탓에 저축에 대한 회의감이 들어서 가족의 미래를 위해 투자에 눈을 돌리게 됐던 겁니다.

'부동산은 사는 게 ^{Buy} 아니라 사는 ^{Live} 것이다'라는 신념을 갖고 있던 진호 씨는 오랜 고민 끝에 부동산 관련 투자를 결심한다. 당시에는 그리 어렵지 않았던 청약을 통해 아파트를 구입하는가 하면 지인의 권유로 '부동산 투자의 끝판왕'으로 불리는 토지를 매입하기도 했다.

결론부터 말하면 진호 씨의 부동산 투자는 성공과 실패의 중간 즈음이라고 평가할 수 있다. 어느 정도 수익을 낸 것은 사실이지만, 어디까지나 물가 상승률과 비슷한 수준의 수익률을 기록했기 때문에 투자라는 측면에서 보면 그다지 성공적이지는 않다. 무엇보다 꽤 긴 시간 동안 특정 부동산에 큰돈을 묶어놓는 바람에 다른 곳에 투자할 수 있는 기회비용을 소모했다는 점이 부정적으로 작용했다.

Q 김진호

처음 투자에 나서 아파트를 마련할 때 3억 5000만 원가량 들었습니다. 당시로선 꽤 큰 금액이었지요. 그런데 몇 년 후에 이제 부동산 가격이 하락세를 보일 거라는 기사가 나오기 시작했습니다. 주변 지인들의 의견을 들어보니 서울이 아닌 지방은 더 빨리, 그리고 더 큰 폭으로 가격이 내려갈 거라고 하더군요. 이에 더 늦기 전에 아파트를 매도하기로 결심했습니다. 시세보다 조금 낮게 내놓기는 했지만 그래도 1억 5000만 원 오른 5억 원에 아파트를 처분했습니다. 세금과 수수료 등을 빼고도 1억 원이 넘는 수익을 거둔 것이지요. 당시만 해도 현명한 판단을 했다는 생각에 저 스스로를 칭찬했습니다. 그런데 그게 아니었습니다.

'묻지 마 투자'는 절대로 성공할 수 없다

쓴웃음을 짓는 진호 씨의 말마따나 당시 그가 매도한 아파트는 현재 20억 원을 호가하는 지역 최고의 아파트 중 하나로 거듭났다. '대구의 강남'으로 불리는 수성구에 위치한 해당 아파트는 압도적 입지 덕분에 지역 주민이라면 누구나 원하는 귀한 몸이 됐다.

그나마 어느 정도의 수익을 낸 아파트와 달리 큰마음을 먹고 단행한 토지 투자의 결과는 더욱 처참하다. 진호 씨는 널찍한 도로를 사이에 두고 형성된 두 곳의 토지 중 한 곳에 투자하기로 결심했다.

그의 판단으로는 도로의 오른쪽이나 왼쪽 모두 큰 차이는 없어 보였다. 이에 진호 씨는 근처 부동산중개소에 방문해 자신의 투자금에 맞는 토지를 매입했다.

Q 김진호

토지는 한 번 사면 10년 이상은 묵혀놔야 한다는 말을 듣고 저도 오랫동안 갖고 있을 생각으로 매입했습니다. 적은 금액은 아니지만, 그렇다고 토지 매입 비용이 급하게 필요할 정도로 자금 사정이 빡빡하지는 않았기에 상황이 여의치 않으면 자식들에게 물려줘도 된다고 느긋하게 마음먹었죠. 나름대로는 여유 자금으로 토지 투자를 한 셈이었죠.

그런데 몇 년 뒤에 제가 땅을 산 지역이 재개발된다는 소문이 도는 거예요. 이번에는 꽤 기대를 했지만, 결과는 퍽 아쉬웠습니다. 제 땅이 포함된 지역은 공공개발이 시행되는 반면 길 건너에 있던 땅에는 민간기업이 들어오게 됐거든요. 제가 투자한 토지는 매입 가격보다 약간 높은 수준으로 강제수용됐습니다. 만약 그때 제가 반대편 땅을 샀다면 수십 배의 이익을 거둘 수 있었겠죠. 그때 확신했습니다. 아, 내 인생에 투자는 없구나.

또한 진호 씨는 부동산과 함께 투자의 양대 산맥으로 불리는 주식 분야에도 도전장을 던져본 경험을 갖고 있다. 하지만 주식 투자 역시 그저 주변 사람들의 말에 따라 매수와 매도를 반복했을 뿐, 성공적인 투자를 위한 어떠한 노력도 기울이지 않았다. 이른바 '머리 꼭대기에서 사고 발밑에서 파는' 최악의 타이밍을 반복한 결과, 절반 이상의 손실을 기록하게 됐던 것이다.

이렇듯 진호 씨가 평생에 걸쳐 시도해온 수많은 투자가 결국 대부분 실패로 귀결된 이유는 그의 투자지능이 그리 높지 않았기 때문이다. 그 자신도 "내가 모르면 하지 않았어야 하는데, 고집을 부렸다"라고 표현할 만큼 투자에 대한 후회가 가득하다. 또 한 가지 문제는 자신의 부족함을 채우려는 노력, 예를 들어 부동산이나 주식을 잘 아는 지인에게 물어보거나 해당 분야에 대해 공부하는 식의 과정이 전무했다는 사실이다. 그저 '운'에만 기댄 '묻지 마 투자'가 반복된 탓에 진호 씨는 단 한 번도 성공이라는 달콤한 열매를 맛보지 못했던 것이다.

자신이 투자하는 분야에 대해 턱없이 부족한 지식과 경험, 본인의 판단보다는 주변에서 흘러나오는 불확실한 정보를 맹신하는 성급함, 게다가 운까지 그를 비껴갔으니 진호 씨가 투자에 연달아 실패한 것은 어찌 보면 당연한 결과라고 할 수 있다.

Q 김진호

흔히 무식하면 용감하다고 하잖아요? 제가 딱 그 꼴이었습니다. 잘 모르겠으면 차라리 관심이라도 갖지 말았어야 했는데, 뭐에 홀렸는지 친구 따라 강남을 가버렸어요. 어떤 친구가 "이 주식이 괜찮다"라고 하면 다음 날 거래소가 문을 열기 전부터 돈을 싸 들고 기다려서라도 매입하고, 또 다른 지인이 "이 지역이 앞으로 개발될 거다"라고 말하면 근처에 있는 부동산중개소를 찾아가 그 자리에서 계약금을 넣는 식이었습니다. 몇몇 친구가 너무 성급하다며 조금 더 고민해볼 것을 권하기도 했지만, 제 성격이 일단 한번 결정하면 무조건 행동으로 옮겨야 직성이 풀리는 까닭에 일단 저지르고 본 거죠.

아무것도 모르고 남들이 좋다고 하니까, 성급하게 투자하는데 성공할 수 있었겠습니까? 게다가 운까지 제 편이 아니었으니 돈을 벌었다면 오히려 그게 말이 안 되는 일이었겠죠. 시원하게 돈을 날린 게 태반입니다.

김진호 다양한 투자 실패 스토리 보유

그때 제가 생각한 것이 '송충이가 솔잎을 먹어야 한다'고

김진호 다양한 투자 실패 스토리 보유

나는 사업을 해서 작은 수익이지만 꾸준히 일심히 일해서 벌어야겠다

그래서 딸에게 하는 말
"딸아, 투자는 하지 마라"

이처럼 부모 세대의 투자는 한정적인 정보를 기반으로 제한적인 선택지 중 하나를 고르는 경향을 보인다. 지금처럼 인터넷을 통한 정보 교환이 이뤄지지 않던 세대였기에 부모 세대의 선택권은 극히 적을 수밖에 없었다. 하지만 역설적으로 이러한 상황이었기에 더더욱 투자에 조심스럽게 접근했어야만 했다. 소수의 선택지 중에서도 성공과 실패로 투자의 결과가 극명하게 갈리는 이유는 누가 더 많은 준비를 했느냐에 달려 있기 때문이다.

이미 지나간 일에 '만약'이라는 가정은 의미가 없지만, 그럼에도 불구하고 만약 진호 씨가 조금 더 깊이 공부한 후 투자했더라면 투자의 결과가 달라졌을 확률이 매우 높다. 투자의 성패를 가르는 결정적 차이점, 투자지능을 키우기 위한 노력은 세대를 가리지 않고 지속적으로 이뤄져야 함을 알 수 있는 대목이다.

진호 씨의 사례에서 알 수 있듯 투자지능의 필요성은 시대를 가리지 않는다. 시대를 막론하고 통용되는 삶의 진리처럼 투자지능은 우리가 더 나은 삶으로 나아가기 위한 전가의 보도나 마찬가지이기 때문이다. 작디작은 고사리손으로 연필을 쥐는 10대부터 백발이 성성한 80대 어르신까지 세대와 시대를 구분하지 않고 죽는 순간까지 공부해야 하는 단 하나의 과목을 선택해야 한다면, 망설임 없이 '투자'를 첫 손가락에 꼽아야만 할 것이다.

자식은 자산이 아니다

'세상에 공짜는 없다지만, 부모의 내리사랑은 대가를 바라지 않는다'. 아마 자식을 가진 부모라면 누구나 공감하는 내용일 것이다. 세상의 어느 부모도 자식을 아끼고 사랑하는 일만큼은 인색하게 굴지 않는다. '맹모삼천지교'로 대변되는 우리나라 특유의 교육열도 결국 아이들이 잘되길 바라는 부모의 마음이 밑바탕에 깔려 있다.

우리나라 부모 세대는 자신의 삶을 고스란히 아이들에게 투영시킨다는 특징을 갖고 있다. 사회적으로 성공을 거둔 부모라면 아이들 역시 본인과 비슷한 길을 걷길 바랄 것이다. 하지만 반대의 경우라면 자신의 삶중 아쉬웠던 부분을 자식이 채워주길 희망할 확률이 높다. 때문에 부모는 비록 자신은 굶더라도 자식의 교육에는 돈을 아끼지 않는다. 준공한 지 40년이 훌쩍 넘어 바퀴벌레가 들끓고 하수구에서 매캐한 냄새가 올라오는 대치동의 모 아파트에서 전세나 월세로 거주하면서도 매달 수백만 원에 달하는 아이들의 사교육비는 단 한 번도 밀리지 않는다. 자신의 희생으로 아이들이 성공을 거둘 수만 있다면 기꺼이 스스로 삶을 포기할 준비가 돼 있는 것이 바로 우리네 부모다.

진호 씨 역시 마찬가지다. 당시로선 꽤 늦은 서른이라는 나이에 얻은 희원 씨는 말 그대로 '눈에 넣어도 아프지 않은 딸'이었다. 딸의 출산과 함께 대구에서 손꼽히는 학군을 자랑하는 수성구로 이사하기로 결심한 것도 아이들의 교육에 힘을 실어주기 위해서였다. 진호 씨는 스스로도 "자식들을 위해서는 돈을 아끼지 않고 투자했다"라고 자신 있게 말했다.

🔍 김진호

제가 특별하다고 말하고 싶지는 않습니다. 아마 모든 부모가 저와 같은 마음일 겁니다. 상황이 허락하는 한, 아니 다소 어렵더라도 아이들을 위해서라면 어떤 희생이나 어려움도 감수할 수 있는 거죠. 저도 아이들을 위해 나름대로 최선을 다했다고 생각합니다. 대구에서 교육으로 손꼽히는 동네로 이사를 가고, 주요 과목은 과외를 시키거나 학원에 보내는 것은 물론 발레나 태권도 등 운동을 가르치기도 했습니다. 제법 높은 등록금을 내야 하는 사립 초등학교를 보낸 덕분에 아이들은 어린 시절부터 해외 여러 나라에 교환학생으로 다녀오기도 했어요. 아이들의 성공을 위해 남들 못지않게 아낌없이 투자했다고 생각합니다.

우리는 진호 씨의 말 중 '투자'라는 단어에 주목해야 한다. 진호 씨 같은 부모 세대는 자녀를 양육하는데 들어간 모든 비용을 일종의 투자라고 생각하는 경향이 있다. 자신의 삶을 평가하는 가장 확실하고 유일한 지표가 바로 자식들의 성장 결과에 달려 있다고 여기는 까닭이다. 자식이 소위 명문대에 진학하고 번듯한 직업을 갖는 등 훌륭하게 성장하면 비록 가진 재산이 적더라도 당당히 목에 힘을 줄 수 있는 반면, 자기 앞가림조차 제대로 하지 못하는 자식의 한심한 행태가 계속되면 수십억 원의 재산도 의미 없는 숫자의 나열에 불과하게 느껴지는 것이다.

최근 조사한 바에 따르면 자녀를 20세, 즉 성인까지 키우는데 들어가는 돈이 평균 4억 원이라고 한다. 이처럼 자식은 스스로 주체적인 삶을 살수 있을 때까지 전적으로 부모의 지원에 기대며 부모는 그런 자식을 잘 길러내기 위해 기꺼이 많은 돈을 쏟아붓는다.

그러다 보니 부모는 때로는 강압적인 태도로 아이의 삶을 조율하려 한다. 대부분의 아이가 그런 부모의 요구에 마지못해 따르곤 하지만 이에 대한 부작용도 만만치 않다.

이러한 현상은 대개 부모가 아이들의 양육에 들어가는 비용을 일종의 투자로 생각하기 때문에 발생한다. 부모 입장에서는 '내가 힘들게 일해서 번 돈을 너의 성공을 위해 사용하는데 고마운 마음을 가져야 한다'고 주장할 수 있다. 일견 타당한 부분도 존재하지만, 여기에는 한 가지 큰 오류가 존재한다. 바로 양육 비용으로 많은 자금을 투입하는 데 있어 수혜를 입는 당사자인 자녀의 의사는 묻지 않은 채 일방적인 투자가 이뤄진다는 것이다.

Q 김진호

부모라는 존재가 누구보다 자식들의 성공을 바라는 건 분명한 사실입니다. 하지만 자신이 투자한 만큼 좋은 성과를 거두고 싶다는 마음이 어느 정도 있는 것 또한 사실입니다. 자식들이 장성하다 보니 이제는 친구들을 만나도 아이들의 애기가 주를 이루게 되더군요. 나이에 따라 친구들과의 대화도 주제가 달라지는 것 같습니다. 30~40대에는 직장이나 투자에 대해 주로 대화를 나눴고, 50대 들어서는 건강과 취미생활 등의 정보를 공유했죠. 지금은 그저 아이들에 관한 내용이 대화의 전부입니다.

부끄럽지만 이 나이에 자식 자랑 말고는 내세울 게 뭐 있겠습니까? 자식들이 잘 살고 있는 친구들의 목소리가 커지는 것도 당연한 일입니다.

🔍 뉴욕주민 자식은 부모의 자산이 아니다

김진호 씨의 얘기를 들어보면 진호 씨에게 있어 가장 크고 중요한 투자는 결국 '자식 농사'라는 단어로 압축됩니다. 자식들의 성공이 곧 진호 씨의 평생에 걸친 투자에서 가장 가치있는 결과라는 의미죠. 이러한 생각이 그리 특별한 건 아닙니다. 아마 우리나라 부모님 중 대다수는 진호 씨와 비슷한 성향을 갖고 계실 겁니다. 하지만 한 가지 간과하고 있는 것은 부모님이 바라는 성공이 자식이 원하는 방향과 꼭 맞지 않을 수도 있다는 사실입니다. 이런 경우, 자식의 의견을 존중하기에 앞서 부모님은 자신이 투자한 비용과 노력에 대한 보상을 요구하는 모습을 보이는 게 일반적입니다. 당연히 자식과의 충돌이 생길 수밖에 없지요. 분명히 말하지만, 이는 어디까지나 부모님의 바람일 뿐입니다. 자식이 먼저 부모에게 자신을 지원해달라고 요청하지 않았다면, 아무리 많은 비용과 노력을 투입했더라도 자식에게 부모님의 생각을 강요하면 안 됩니다.

부모와 자식 사이의 갈등은 어느 시대에나 존재했다. 지금 이 순간에도 수많은 부모와 자식들이 서로의 입장 차이를 확인하며 이를 좁혀 나가기 위해 나름의 노력을 기울이고 있을 것이다.

뉴욕주민은 "자식은 자산이 아니다"라는 말로 부모 세대의 다소 어긋난 투자 행태를 지적했다. 자식들을 양육하는데 필요한 비용은 어디까지나 부모의 내리사랑에 의한 호의이자 배려지, 일반적인 투자와는 전혀 다른 궤를 갖고 있다는 것이다.

MZ세대의 투자

MZ세대의 새로운 투자, '나의 가치를 높인다'

베이비부머 세대의 자녀로 태어나 IMF 외환위기와 글로벌 금융위기를 모두 겪은 MZ세대는 부모 세대가 경제적으로 어려움을 겪는 모습을 생생하게 목격하며 성장해왔다. 최근 10여 년간 20대를 대상으로 희망하는 직업을 설문조사한 결과, '공무원'과 '공공기관'이 나란히 1, 2위를 차지한 것은 직장의 안정성을 최우선적으로 고려하는 MZ세대의 특성은 고스란히 보여준다. 또한 MZ세대는 조직에 대한 충성도가 낮고 개인의 일상을 우선시하는 경향이 강하고, 최근에는 빠른 은퇴를 지향하는 파이어FIRE족을 동경하는 모습을 보이기도 한다. 이렇듯 다른 세대와는 확연히 다른 성향을 보여주는 MZ세대는 투자에 있어서도 전혀 새로운 방식을 추구한다.

올해 환갑을 맞이한 아버지 김진호 씨의 딸 김희원 씨(대구, 30세)의 행보
는 MZ세대의 투자가 갖는 대표적인 특징들을 고스란히 보여준다. 자신
이 좋아하는 일에 몰두하며 경쟁력을 쌓은 후 이를 사업으로 발전시키는
과정이 바로 그것이다. 쉽게 말해 '내가 좋아하는 일에 대한 투자'라고 할
수 있다.

희원 씨는 20대 초반, 다니던 대학교를 중퇴하고 곧바로 의류 사업에
뛰어들었다. 자신이 관심을 갖고 열심히 공부했던 의류 분야를 사업으로
확장시킨 것이다. 갑자기 잘 다니던 학교를 그만두고 사업을 하겠다니 진
호 씨로선 도저히 이해할 수도 받아들일 수도 없는 결정이었다. 하지만
희원 씨는 부모의 반대와 걱정에도 불구하고 의류 판매업으로 모은 자본
금을 토대로 한복 사업으로의 확장을 시도했고, 그녀의 도전은 멋들어지
게 맞아떨어지며 꽤 많은 수익을 올릴 수 있었다.

저는 어렸을 때부터 옷을 좋아했어요. 그러다 보니 단순히 저 자신만을 위한 소비에서 벗어나 조금 큰 시각을 가져보고 싶다는 마음을 갖게 됐습니다. 하루빨리 제 이름을 건 의류 사업을 시작하고 싶은 생각에 학교를 그만두고 그때까지 모아두었던 돈을 들고 곧바로 시장에 뛰어들었지요. 처음에는 정말 힘들었지만, 그래도 제가 하고 싶은 분야였기에 즐겁게 일할 수 있었습니다. 덕분에 투자금에 비해 제법 많은 돈을 모을 수 있었고, 오랫동안 고민하던 한복 관련 사업을 본격적으로 시작할 수 있었습니다.

25살에 일을 시작했어요

밤에 잠을 못 잤어요 못이 너무 좋아서

연 $억 정도 순수익을 올렸고

우리나라를 대표하는 전통 복장 한복에 현대적 감각을 접목시킨 희원 씨의 한복은 독특한 디자인으로 금세 입소문을 타면서 지속적인 매출 상승세를 보였다. 한때는 연매출 2억 원 이상을 기록할 정도로 큰 성공을 거두기도 했다. 하지만 그녀의 한복 사업은 3년 전 발생한 코로나19 팬데믹 탓에 정체기를 맞이하고 말았다. 외부 외출이 극도로 제한되기 시작하면서 고객들의 주문이 뚝 끊긴 것이다. 언제 끝날지 모르는 코로나19 팬데믹으로 인해 다소 주춤거리는 한복 사업의 돌파구를 마련하기 위해 희원 씨는 또 다른 투자를 선택하게 된다. 자신의 가치를 상승시키는 것을 목적으로 한 스스로에 대한 투자가 바로 그것이다.

희원 씨의 새로운 투자처는 전통적 투자처인 부동산이나 주식, 혹은 현재 MZ세대가 열광하는 암호화폐 등이 아니다. 그녀가 선택한 또 다른 투자처는 바로 '콘텐츠'다. 희원 씨는 한복 사업과는 별도로 자신이 직접 만든 영상과 콘텐츠를 올리는 유튜버로 활동하고 있다.

희원 씨는 한복 사업을 시작하면서 각종 소셜미디어[SNS]와 유튜브 등을 통해 자신만의 콘텐츠를 공유해왔다. 한복을 비롯한 다양한 의류를 소개하거나 자신의 일상을 기반으로 하는 콘텐츠를 제작해서 올렸다. 그러다가 이른바 '명품 하울[haul]'을 주제로 한 콘텐츠를 제작하기 시작했다. 유튜버로 활동 중인 희원 씨의 콘텐츠 중 가장 높은 조횟수를 기록한 것이 바로 이 '명품 하울' 영상이다. 하울은 '세게 끌어당기다' 또는 '차로 나르다'라는 뜻의 영어 단어로, 2000년대 중반 스마트폰 같은 전자제품에서 시작된 '언박싱[unboxing](포장된 제품을 개봉하는 것) 영상'의 일종이다. 명품 하울 영상을 보는 시청자는 마치 자신이 해당 제품을 구매한 것 같은 대리만족을 느낄 수 있는 까닭에 MZ세대를 중심으로 큰 인기를 끌고 있다. 또한 특정 제품에 대한 품평을 참고함으로써 보다 합리적이고 효율적인 소비를 할 수 있다는 장점도 있다. 반대로 과소비를 조장하거나 상대적 박탈감을 느끼게 한다는 부작용이 문제점으로 지적받기도 한다.

이렇듯 여러 가지 장단점이 있지만 희원 씨는 명품을 기반으로 한 영상 제작을 이어가고 있다. 수백만 원짜리 제품을 구입해 시청자들에게 소개하는 영상을 통해 희원 씨는 꽤 많은 구독자를 확보할 수 있었다.

수십만 명의 구독자를 거느린 유튜버의 수익은 우리의 상상을 아득하게 뛰어넘는다. 수백만 명의 팔로어를 가진 인플루언서의 경우, 사진 한 장을 올리고 수천만 원의 비용을 받기도 한다. 특정 분야의 콘텐츠 강자로 자리매김한 개인은 웬만한 중소기업 이상의 수익과 영향력을 보여주는 것이 오늘의 현실이다. 희원 씨는 자신의 명품 투자 역시 이를 목표로 한다고 설명했다. 영향력 있는 유튜버 혹은 인플루언서로 성장해 콘텐츠를 통한 수익을 거두겠다는 것이다.

여느 MZ세대처럼 저도 명품을 좋아합니다. 그 사실을 부정할 수는 없지요. 하지만 명품을 많이 가지고 있다고 해서 제 가치가 올라간다고 생각하지는 않습니다. 게다가 저는 단순히 소비적 측면에서 명품을 구입하는 것이 아닙니다. 어디까지나 콘텐츠 제작을 위한 투자의 일환일 뿐입니다. 다행히 지금까지의 투자 성과는 성공적이었습니다. 구입 비용을 상쇄할 정도의 콘텐츠 관련 수익이 발생하는 것은 물론 몇몇 제품의 경우 '리셀 resell (재판매) 가격'이 높게 책정돼 있기도 합니다.

물론 지금까지와 같이 명품을 주제로 한 콘텐츠만 제작할 생각은 없습니다. 어디까지나 저 자신의 가치와 인지도를 높이는 수단 중 하나로 명품 하울을 활용했을 뿐입니다. 꾸준한 노력과 톡톡 튀는 아이디어를 바탕으로 계속 새로운 영상을 제작함으로써 저 자신이 하나의 콘텐츠로 거듭날 수 있도록 하는 투자의 과정이라고 생각합니다.

SNS가 급격히 성장하고 있는 흐름에서 알 수 있듯, 인간은 누구나 다른 사람에게 자신의 삶을 인정받길 원한다. SNS를 통해 정기적으로 명품을 구입하거나 유명 식당에서 한 끼에 수십만 원짜리 외식을 하며 그 같은 여유로운 생활을 공유하는 것도 이와 같은 맥락이다. 최근 언론의 뭇매를 맞고 잠정적으로 활동을 중단한 '명품 전문 유튜버' 송모 씨도 자신의 화려한 삶을 무기로 사회적 성공을 쌓았다. 인기 유튜버 혹은 인플루언서를 목표로 하는 희원 씨의 계획과 투자가 전혀 허무맹랑한 이야기만은 아니라는 소리다.

하지만 아버지 진호 씨는 딸의 모습을 도무지 이해할 수 없다. 냉정하게 말해 희원 씨의 투자는 아버지의 시선으로 봤을 때, 그저 단순한 소비 활동에 지나지 않는다. 중고로 판매해도 오히려 더 높은 가격을 받는다거나 명품을 소개하는 동영상 몇 개로 수백, 수천만 원의 수익을 올릴 수 있을 거라는 딸의 주장이 허무맹랑하게 들리는 것이다.

투자 방식의 옳고 그름을 판단하는 것은 매우 어려운 일이다. 현재 진행 중인 희원 씨의 '투자'에 대해 성패를 예측하는 것은 무의미한 행동이다. 물론 희원 씨가 레드 오션으로 평가받는 분야에 도전장을 던진 건 사실이다. 하지만 수많은 난관을 이겨내고 끝내 자신만의 색깔을 가진 콘텐츠 제작자 혹은 인플루언서로 우뚝 설 확률도 분명히 존재한다.

자신을 중심에 둔 MZ세대의 이러한 투자 방식이 성공으로 귀결되기 위해서는 스스로 절차탁마의 노력을 기울이고 여기에 부모의 넉넉한 이해와 적극적인 지원이 어우러져야 한다. 시대의 흐름과 변화를 인정하고 받아들임으로써 세대간 이해의 격차를 조금씩 줄여 나가야 하는 것이다.

MZ세대가 만들어가는 새로운 투자 분야에 관심을 갖고 이를 이해하려고 노력해야 하는 이유다.

'투자는 선택이 아닌 필수', MZ세대의 유일한 생존 방법

모든 MZ세대가 이른바 '실물투자'를 등한시하는 것은 아니다. 오히려 비율로만 따지자면 절대다수가 부동산이나 주식 등 전통적인 투자처를 선택하고 있다. 하지만 동시에 MZ세대에 해당하는 20~30대 3명 중 2명 이상은 새롭게 부각되는 투자 분야, 즉 암호화폐에 투자하고 있다. 암호화폐를 바라보는 MZ세대의 시각에서 우리는 또 다른 그들의 투자 특성을 알 수 있다. 바로 '투자의 안전성보다는 높은 수익률에 더 큰 비중을 둔다'는 점이다.

'사상 최초로 부모 세대보다 가난해지는 세대'. MZ세대가 짊어져야 하는 또 다른 숙제가 바로 이 지점에 있다. 그동안 자식들은 부모의 자산 혹은 자신의 경쟁력을 무기로 윗세대보다 많은 부를 축적해왔다. 하지만 MZ세대는 인류 역사상 최초로 부모 세대보다 자산이 적은 세대가 될 것이라는 예측을 받아들여야만 한다. 근로소득만으로는 도저히 도달할 수 없을 정도로 가파른 상승세를 보이는 집값과 연일 치솟는 물가 등 출산은 커녕 결혼마저 망설이게 만드는 기형적인 사회 구조가 MZ세대를 전방위적으로 압박하고 있다.

MZ세대가 자신들의 생존을 위한 첫 번째 수단으로 투자를 선택한 건 어찌 보면 이러한 사회적 문제에서 비롯됐다고 할 수 있다. 특히 전통적인 투자처인 부동산의 경우, 20~30대가 투자에 나서기에는 초기 투자 비용이 매우 높다는 단점이 있다. 쉽게 말해 MZ세대에게는 부동산 투자의 진입 장벽이 매우 높다. 이에 MZ세대가 차선책으로 선택한 것은 바로 주식과 암호화폐. 특히 적은 돈으로 수백, 수천 퍼센트 '대박'을 노릴 수 있는 암호화폐는 MZ세대가 가장 선호하고 또 익숙한 투자 분야로 자리매김했다.

여기서 가장 경계해야 하는 부분은 MZ세대의 투자 성향과 흐름이 하이 리스크는 고려하지 않은 채 하이 리턴만을 바라는 '무지성 투자'라는 데 있다. 조금 더 직설적으로 말하면, MZ세대를 중심으로 횡행하는 암호화폐를 비롯한 각종 투자 종목은 그저 '투자'라는 이름의 옷만 걸치고 있을 뿐, 실질적으로는 '투기'와 다름없다. 그저 급한 마음에 충분한 준비 없이 하이 리턴만을 바라며 말 그대로 '피 같은 돈'을 성공률이 매우 낮은 패에 베팅한다. 이들의 이런 확신 아닌 확신에는 그 어떤 근거도 없다. 자신은 실패하지 않으리라는 막연한 자신감에 사로잡힌 채 이들은 도박 같은 투자에 불나방처럼 뛰어든다. 그러나 그 대상이 무엇이든 '한탕주의'는 결코 올바른 투자가 아니다. 이런 방식으로는 결코 수익을 거둘 수 없다. 설사 일시적으로 수익을 냈더라도 그것은 또 다른 수렁으로 끌어들이는 덫에 다름 아님을 기억해야 한다.

MZ세대의 암호화폐 투자가 무조건 잘못됐다고 말하려는 건 아닙니다. MZ세대 투자의 가장 큰 문제점은 '투자 종목을 선택하는 방법'이 아닌 '투자를 대하는 마인드' 자체에 있습니다. 하이 리턴을 목표로 하는 건 투자자로서 당연한 일입니다. 하지만 실제로 하이 리턴이라는 결과를 이끌어내기 위한 준비, 즉 관련 공부를 충분히 하지 않은 채 어설픈 지식과 정보를 토대로 큰돈을 투자하는 게 문제입니다.

물론 MZ세대 역시 '나름대로' 공부를 했다고 주장할 수 있습니다. 하지만 이는 어디까지나 본인들의 기준에서 내리는 평가일 뿐입니다. 스스로 '내가 정말 높은 수익률을 바랄 정도로 충분한 준비를 했는가' 자문해보기 바랍니다. 해당 질문에 자신 있게 '그렇다'라고 답한다면, 이후의 선택을 '투기'가 아닌 '투자'로 평가받을 수 있을 겁니다.

MZ세대가 열광하는 암호화폐 투자의 실상은 사실 그리 아름답지만 않다. 신문기사를 통해 하루가 멀다 하고 '수십억 원의 수익을 올렸다', '수천 퍼센트의 수익률을 기록했다'는 투자 성공기가 올라오지만 아이러니하게도 그런 성공을 거둔 이들을 실제로 만났다는 얘기는 들어본 적이 없다. 실제로 암호화폐 관련 커뮤니티에서는 이러한 성공담의 주인공들이 실존하는지에 대한 의문이 제시되기도 한다. 한 투자자는 "암호화폐로 돈을 벌었다는 사람들은 유니콘 같은 존재"라고 풍자하며 해당 분야에 대한 회의감을 드러내기도 했다. 최근 여러 방송에 출연하며 부동산보다는 주식을 사야 한다고 주장했던 모 주식 투자 전문가가 끝끝내 자신의 계좌를 공개하지 않은 것도 의심을 불러일으키기에 충분하다. 정말 그들은 투자로 돈을 벌었을까? 아니면 그들'만'의 허황된 성공기에 홀린 사람들의 눈물 젖은 돈을 빼앗아 부를 쌓은 걸까? 어느 누구도 정답을 알 수 없지만, 지금까지 눈에 보이는 그들의 모습과 대응만으로도 그 실체를 능히 짐작할 만하다.

MZ세대는 왜 암호화폐 투자, 빚투를 하는 걸까?

사례 2

대기업에서 퇴직한 후 6년째 전업투자자 활동을 하고 있는 조덕훈 씨(가명, 42세)는 암호화폐의 위험성에 대해 엄중한 경고를 남겼다. 물론 암호화폐가 무조건 나쁘다는 건 아니다. 이제는 하나의 투자 분야로 자리 잡아가는 추세를 보이고 있는 것은 물론 전 세계적으로 수많은 사람이 암호화폐에 실제로 천문학적인 규모의 돈을 투입하고 있기 때문에 투자의 영역에서 이를 배제하는 것은 불가능하다. 그런데도 소위 투자 전문가라는 사람들이 입을 모아 암호화폐 투자를 경계하는 이유는 무엇일까? 열이면 열 하나같이 부정적인 시선을 보내는 데는 이유가 있을 게 분명하다. 암호화폐 투자의 문제점으로는 무엇보다 유동성이 너무나 크고 예측 불가능한 점을 꼽을 수 있다. 하룻밤에 10배, 20배 수익을 올릴 수도 있지만 반대로 눈 깜짝할 새 모든 돈이 연기처럼 사라지기도 한다. 많은 사람이 공감하는 부분이지만, 조 씨 또한 암호화폐는 부동산이나 주식과 달리 공부를 많이 한다고 해서 수익을 올릴 수 있는 분야가 아니라고 지적했다. 실제로 주변의 지인이 그에게 암호화폐에 투자할 계획이라고 말하면 "반드시 여유 자금으로만 투자해라"라고 조언하곤 한다. 조 씨 역시 암호화폐에 투자하고 있지만, 어디까지나 '없어도 그만'인 수준의 금액에 불과하다. 반드시 수익을 얻겠다는 목적도 없다. 그저 새로운 분야에 관심을 갖고 지속적인 모니터링을 하기 위한 '또 다른 투자'라고 생각하고 있는 것이다.

통계청이 조사한 바에 따르면 2020년 기준 상위 20퍼센트의 자산은 하위 20퍼센트의 35.2배에 이르는 것으로 조사됐다. 이는 불과 1년 전인 2019년의 33.2배에 비해 격차가 더욱 벌어진 것이다. 중요한 사실은 보유 자산이 상위 20퍼센트에 해당하는 이들 중 20~30대를 아우르는 소위 MZ세대가 차지하는 비율이 늘어나고 있다는 것이다. 부모로부터 자산을 물려받는 이들을 중심으로 부의 대물림이 이뤄짐에 따라 MZ세대 사이에서 빈익빈 부익부 현상이 더욱 극명하게 발생하고 있다. 지난 3~4년간 부동산과 주식 등 전통적 자산의 가치가 급등함에 따라 부모의 도움으로 일정 수준의 자산을 보유하게 된 MZ세대는 이른바 '영&리치Young & Rich' 반열에 오른 반면 그렇지 못한 이들은 전세 난민 혹은 월세 난민의 삶을 받아들여야만 했다.

MZ세대가 수십 년에 걸친 안정적 투자를 지양하고 위험성은 높지만 성공만 하면 큰 수익률을 기대할 수 있는 도박적 성향의 투자를 지향하는 건, 어찌 보면 시대가 만든 비극적인 현실에서 비롯된 결과다. 부모 세대처럼 성실하게 일해서 번 근로소득의 가치가 보장된다면, MZ세대 역시 자신의 인생을 판돈으로 한 도박판에 발을 들이지는 않을 것이다. 부디 대한민국의 현재와 미래를 책임질 MZ세대를 위해 '비정상의 정상화'가 이뤄지길 바라본다.

기성 세대의 잘못된 판단 때문에 MZ세대는 기존 방식을 답습하는 것만으로는 이 시대에 생존할 수 없다는 결론에 도달하게 됐다. 평생토록 말 그대로 '숨만 쉬며' 월급을 모아도 그럴듯한 집 한 채 사지 못하는 막막한 현실을 극복하기 위해 투자를 수단으로 하는 생존 게임에 뛰어들 결심을 하게 된 것이다. 아, 행여나 '빌라나 다세대주택 같은 상대적으로 저렴한 집을 사면 되지 왜 꼭 아파트를 고집하느냐'고 비난하지 말길 바란다. 본인이라면 역세권 대단지 신축 아파트와 준공한 지 수십 년 된 빌라가 밀집한 곳 중 어디를 삶의 터전으로 선택할 것인가? 조금 더 좋은 환경에서 살고자 하는 바람은 인간으로서 당연한 욕망이다.

다시 본론으로 돌아와 성실히 일해서 번 근로소득을 알뜰살뜰 모으는 것만으로는 도저히 자신이 원하는 삶을 살 수 없는 시대의 한복판에 놓인 MZ세대에게 투자는 유일한 수단이자 마지막 선택지나 다름없다. 암호화폐같이 다소 위험해 보이는 분야에 투자하는 것 또한 절박한 MZ세대의 상황을 감안하면 충분히 이해할 수 있는 대목이다.

현재를 살아가는 MZ세대에게 투자는 피할 수 없는 숙명이다. 다만 투자의 성패를 결정하는 것은 오롯이 본인의 손에 달려 있음을 명심해야 한다. 성급한 투자에 앞서 충분한 공부와 철저한 준비를 통해 관련 지식과 경험을 쌓아야만 하는 이유다. 투자지능을 키우는 것이야말로 힘겨운 이 시대를 이겨낼 수 있는 생존지수를 높이는 유일한 방법임을 반드시 기억해야 한다.

서로의 다름을 인정하자

세대 차이를 인정하면 갈등은 눈 녹듯 사라진다

얼마 전 초등학생으로 보이는 아이들과 함께 엘리베이터를 탄 적이 있다. 제법 고층으로 올라가야 하는 까닭에 아이들과 함께 수십 초 동안 한 공간에 갇혀 있을 수밖에 없었다. 1분도 되지 않는 짧은 시간이었지만, 아이들의 대화에 마치 머리를 망치로 얻어맞은 듯한 충격을 받았다. 소위 '그들만의 언어'가 난무하는 가운데, 아이들의 대화 중 대부분을 이해할 수 없었기 때문이다. 각종 신조어와 외계어(?)를 자연스럽게 주고받는 아이들의 모습은 낯설기 그지없었다.

단편적인 사례이지만 소위 MZ세대라 불리는 20~30대와는 또 다른 세대가 도래했음을 확인할 수 있는 대목이다. '우리 아이도 저런 식으로 대화할까?'라는 걱정이 든 것도 사실이다. 부모로서 아이들의 잘못된 언어 습관을 방관할 수는 없기 때문이다. 하지만 이는 어디까지나 부모의 입장일 뿐이다. 아이들 사이에서는 그러한 대화가 자연스럽고 당연하게 여겨진다는 사실을 간과해서는 안 된다. 물론 신조어나 비속어를 무분별하게 사용하는 행태에 대한 교육은 반드시 필요하다. 다만 자신의 기준에 맞지 않는다고 해서 그것이 '틀렸다'는 평가를 내리는 건 너무 성급한 판단이다.

부모와 자식의 관계도 이와 마찬가지다. 20~30년이 넘는 세월이 만든 너른 강을 사이에 둔 부모와 자식이 온전히 서로의 입장을 이해하기는 불가능한 일에 가깝다. 부모는 자식의 행동을 '치기 어린 생각'이라고 폄하하는가 하면, 자식은 부모의 조언을 '요즘 세대를 이해하지 못하는 기성 세대의 잔소리'라고 불만을 내뱉는다. 부모와 자식 간의 가장 큰 문제는 '양쪽의 의견이 모두 잘못된 게 없다'는 데 있다. 아이들이 '잔소리'로 여기는 부모의 조언은 세대를 관통하는 진리를 담고 있다. 반대로 부모가 한심하게 여기는 자식들의 행동은 현시대의 흐름을 정확하게 파악하고 이에 최적화된 결론에 따른 것일 확률이 매우 높다. 부모와 자식 사이에서 빚어지는 대부분의 갈등은 바로 이러한 '서로의 다름'을 인정하지 않는 데서 시작된다.

박종석 정신과 전문의는 이 시대를 살아가는 모든 부모와 자식에게 따뜻한 응원의 메시지를 남겼다. 또한 서로 다름을 인정하고 받아들이는 것이야말로 세대 갈등을 뛰어넘어 세대간의 조화로운 관계를 일궈낼 수 있는 지름길이라고 강조했다.

MZ세대는 아마 연탄으로 난방하거나 가마솥에 밥을 해 먹었던 부모 세대의 모습을 상상할 수 없을 겁니다. 하지만 부모 세대에게 이러한 생활은 당연한 것이었죠. 이렇듯 평범한 일상에서도 서로의 차이를 확인할 수 있습니다. 가장 가깝다고 여겨왔던 가족간의 불화는 그 어떤 상처보다 쓰리고 아픈 법입니다. 가족 간의 갈등으로 고통받는 이들을 살펴보면, 각자 처한 상황과 이유는 다르지만 이러한 갈등을 관통하는 한 가지 요소가 있습니다. 바로 서로의 입장을 전혀 이해하려 들지 않는다는 것이지요.

아무리 이야기를 해봤자 소귀에 경을 읽는 꼴이니 자연스럽게 대화는 줄어들고 서로 날카롭게 날이 선 '말의 칼'을 날리게 됩니다. 당연히 서로의 관계가 좋아지는 일은 요원해질 따름이죠. 하지만 지금이라도 늦지 않았습니다. '공부 잘하고 있느냐'는 지극히 '꼰대적인 대화'는 잠시 접어두고 아이들과 함께 축구나 야구를 하면서 땀 흘려보는 건 어떨까요?

자식이 성인이라면 단촐한 술상을 앞에 두고 진솔한 대화를 나누는 것도 좋겠죠. 어떤 방식이든 상관없습니다. 그저 서로의 다름과 차이를 인정하고 상대방을 존중하는 마음을 갖도록 함께 노력한다면 세대 차이로 인한 갈등이라는 단어를 걷어낼 수 있을 겁니다.

세대 갈등, 이해하고 대화하라

앞서 소개한 김진호·희원 부녀도 여느 가정과 같이 꽤 오랫동안 갈등의 시간을 겪어왔다. 특히 진호 씨는 딸과의 대화에 그리 적극적이지 않았다. 꼭 필요한 최소한의 얘기만 전달하거나 다소 예민한 주제는 아내를 통해 딸에게 전달하는 식으로 관계를 이어갔다. 물론 딸과 대화하는 게 싫었던 건 아니다. 그저 무뚝뚝하고 강한 자신의 말투로 인해 자칫 불필요한 오해가 쌓일 수도 있다는 생각에, 그리고 딸의 입장을 제대로 이해하지 못한 채 기성 세대의 생각을 강요하게 될까 봐 두려운 마음에 선택한 진호 씨 나름의 배려였다.

🔍 **김진호**

저라고 딸과 하하호호 대화하고 싶은 마음이 왜 없겠습니까? 그런데 저희 세대는 그게 참 힘들어요. 케케묵은 생각일지 몰라도 아들과의 대화는 그나마 부담이 덜한데, 딸은 영 다가가기가 어렵더라고요. 사춘기 때는 행여나 스트레스를 줄까 싶어 성적같이 민감한 주제는 아예 입에 올리지도 않았습니다. 그래서 그런지 서른을 넘긴 지금까지도 딸아이와 대화하는 게 그리 편하지만은 않습니다.

"말하지 않아도 알아요. 그저 바라보면 —" 우리나라 국민이라면 익숙한 멜로디를 가진 이 노래는 수십 년의 역사를 가진 초코 과자의 오래된 CM송이다. 해당 제품은 '말하지 않아도 안다'는 슬로건을 내세우며 대한민국 특유의 '정貞' 문화를 자극하는 광고로 전 세계적으로 인기몰이를 했다. 하지만 말하지 않아도 알 수 있는 건 현실에는 존재하지 않는다. 어떠한 물리적 수단 없이 상대방의 마음을 읽어내는 '텔레파시'는 영화나 소설 속 허구에 불과하다.

'소통'이라는 화두는 이미 케케묵은 과거의 유산이 된 지 오래다. 하지만 상대방과의 유기적이고 원활한 소통은 시대를 막론하고 올바른 인간관계를 형성하기 위한 기본적 요건이라고 할 수 있다. 이 같은 맥락에서 '사회적 동물'인 인간은 타인과의 대화에 예의를 담기 위해 노력한다. 하지만 오히려 가까운 사이일수록 대화가 줄어드는 아이러니한 상황이 왕왕 발생하곤 한다. 세상 누구보다 서로를 사랑해서 결혼했지만 시간이 지날수록 대화가 사라지는 부부나, 세대 차이로 인한 갈등 탓에 소통이 단절되는 이 시대의 수많은 부모 자식이 이에 해당한다.

김진호·희원 부녀도 마찬가지다. 여러 가지 이유가 있지만, 상대방을 배려한다는 허울 좋은 핑계로 부녀는 많은 대화를 나누지 않은 채 꽤 오랜 시간을 보냈다. 물론 두 사람 사이에 아예 대화가 없었던 건 아니다. 하지만 정작 서로에게 중요한 얘기는 나누지 않았다. 대표적인 사건이 바로 '희원 씨의 대학교 중퇴'다.

학교 생활의 의미를 도통 찾지 못하던 희원 씨는 자신의 사업을 시작하기에 앞서 대학교를 중퇴하겠다고 선언했다. 자신이 흥미를 갖고 있는 분야와 완전히 동떨어진 전공 분야를 계속 공부해야 한다는 게 솔직히 시간 낭비처럼 느껴졌다. 오로지 대학 졸업장을 받기 위해 몇 년의 시간을 허비하느니 조금이라도 빨리 자신이 하고 싶은 일을 하는 게 시간을 절약하고 성공을 앞당길 수 있는 지름길이라고 생각한 것이다. 당연히 진호 씨는 격렬하게 반대를 했다. 십여 년이 넘는 시간 동안 열심히 공부해서 들어간 대학을 중도에 포기한다는 게 솔직히 아깝기도 했다. 그동안 들인 학원비에 등록금까지 교육비를 생각하면 본전 생각이 난 것도 사실이다. 사업을 시작하는 것과 학업을 유지하는 것은 전혀 별개의 사안이라는 생각을 갖고 있었기에 '사업 시작=대학교 중퇴'라는 희원 씨의 공식이 도저히 이해되지 않았다. 사실 아직도 희원 씨의 선택을 이해할 수 없다고 진호 씨는 털어놓았다.

진호 씨는 희원 씨에게 사치스러운 생활을 할 만큼 넉넉한 용돈을 준 것은 아니지만, 딸이 대학을 졸업한 후 사회에 진출했을 때 부담을 덜어주기 위해 학기마다 수백만 원에 이르는 등록금을 납부해주는 것은 물론 독립한 딸을 위해 매달 일정 수준의 생활비를 지원해줬다. 물론 생활 형편이 넉넉한 다른 부모들과 그 수준을 놓고 절대적인 비교를 할 수는 없지만, 진호 씨는 '이만하면 다른 친구들에 비해 좋은 조건에서 학업에 열중할 수 있을 정도는 된다'고 생각했다. 하지만 희원 씨의 생각은 이와 완전히 달랐다. 희원 씨는 자신이 관심 없는 분야를 계속 공부해야 한다는 데 염증을 느끼고 있었다. 시간 낭비일 뿐이라는 생각이 든 것은 사실이다. 하루 빨리 어엿한 사회인으로 우뚝 서고 싶다는 마음에 도저히 졸업 후까지 기다릴 수 없었다.

Q 김진호

아무리 학벌의 중요성이 예전에 비해 줄어들었다고 하지만, 어느 부모가 잘 다니던 대학교의 졸업장도 받지 않고 그만두겠다는 자식의 말을 받아들일 수 있겠습니까? 자기 사업을 하겠다는 것을 말릴 생각은 하지 않았습니다. 그런데 왜 사업을 하기 위해서 대학교를 그만두겠다고 하는지 도저히 이해할 수 없더라고요. 좋은 말로 설득도 해보고, 화도 내봤지만 결국 딸은 대학교를 그만두고 사업을 시작했습니다.

Q 김희원

제가 소속된 학과는 '경영학과'였습니다. 제가 좋아하는 패션이
나 의류 쪽과는 관계 없는 분야이지요. 당연히 관심이 가지 않았
습니다. 관심이 없으니 학교 생활도 재미 없고, 수업에 집중할 수
없었습니다. 물론 부모님께서 저를 위해 오랫동안 많은 것을 희생
하고 아낌없는 사랑과 지원을 베풀어 주셨다는 건 잘 알고 있고
너무나 감사하게 생각합니다. 하지만 학교 수업이 제게 아무런 의
미가 없었다는 생각은 지금도 마찬가지입니다. 아무 생각 없이 시
간에 순응해 무난한 성적으로 학교를 졸업하고 적당한 직장에 들
어간 후 적당한 조건의 남자를 만나 결혼하는, 부모님이 바라셨을
딸의 인생 계획은 제게 맞지 않았으니까요. 지금도 제가 좋아하는
분야에서 일하기 위해 과감하게 학교 생활을 포기했다는 사실에
후회는 없습니다.

자, 여러분은 과연 누구의 손을 들어줄 것인가? 진호 씨 같은 부모의 입장이라면 대학교를 졸업하고 자신의 일을 시작해도 괜찮지 않냐는 견해에 공감하고, 열정과 도전 정신이 넘치는 MZ세대라면 조금이라도 빨리 자신의 길을 개척해 나가는 희원 씨에게 표를 던질 것이다.

두 사람의 문제는 '차이'가 아닌 '이해'라는 지점에서 찾을 수 있다. 서로를 이해하기 위해 깊은 대화를 나누거나 인생을 좌우할 중요한 결정을 앞두고 상대방을 설득하는 과정이 선행됐다면, 아마 이러한 갈등은 발생하지 않았을 것이다. 두 사람에게 아쉬운 점이 있다면, 서로의 입장을 전혀 고려하지 않았다는 부분이다.

진호 씨는 앞서 말한 대로 자식을 부모의 자산 중 하나로 생각하는 전형적인 기성 세대의 마인드를 갖고 있다. 대학교 졸업장을 받지 못하면 결국 자식을 대상으로 한 자신의 투자가 실패했음을 인정해야 한다는 상황을 받아들일 수 없었던 것이다. 물론 대학교를 중퇴하는 것에 반대한 게 오롯이 진호 씨 자신의 만족감만을 위한 건 아니다. 당연히 자식이 잘되길 바라는 마음이 바탕에 깔려 있다. 하지만 진호 씨는 딸의 의견을 진지하게 고민하기에 앞서 대학교 중퇴는 절대로 받아들일 수 없다는 일종의 '선'을 그었다. 희원 씨로선 자신의 의견이 무시당했다는 느낌을 받을 수밖에 없는 대목이다.

반대로 희원 씨의 경우, 다소 이기적인 결정이라는 지적을 피할 수 없다. 이미 성인이 된 지 오래인 자신의 삶을 주체적으로 이끌어가는 건 너무나 당연한 일이다. 하지만 과연 대학교를 중퇴하면서까지 어린 나이에 사업을 시작했어야만 했는지에 대해선 의문이 남는다. 만약 부모가 학비며 생활비를 책임질 정도로 어느 정도 경제적 기반이 갖춰진 현재의 가정이 아니라 본인의 수입을 보태지 않으면 생계를 꾸려 나가는 게 어려울 정도로 경제적 능력이 달리는 집안에 태어났다면, 과연 같은 결정을 내릴 수 있었을까? 이에 박종석 정신과 전문의는 MZ세대에게 상대방의 입장을 한 번 더 생각해볼 수 있는 마음의 여유를 갖길 권유했다.

김희원 씨는 지금까지 큰 어려움 없이 자기가 하고 싶은 일, 배우고자 하는 것들을 모두 이루면서 살아올 수 있었던 건 100퍼센트 부모님의 지원이 있었기에 가능했다는 걸 기억해야 합니다. 희원 씨가 어렵게 들어간 대학교를 휴학도 아닌 중퇴하면서까지 자신이 하고 싶은 패션 분야의 사업을 할 수 있었던 것도 결국 부모님이라는 든든한 울타리가 있었기에 가능했던 거죠.

자식의 생각과 자율성은 충분히 존중받아야 하지만, 항상 자기 객관화를 하려는 노력이 필요합니다. 또한 몇 번의 성공으로 과도한 자신감을 갖게 된 것은 아닌지 스스로를 돌아보는 습관을 길러야 합니다. 희원 씨의 말대로 결혼이 선택이라는 데는 동의하지만, 대학교를 중퇴한 이유는 공감하기가 힘듭니다. 대학교를 중퇴하면서 확보한 시간과 기회비용만큼 다른 성과를 이룰 확실한 계획이 준비돼 있습니까?

공감력과 타협은 투자자가 반드시 가져야 할 덕목입니다. 자신의 결정이 과연 타당한 것인지 자신을 되돌아보고 상대방의 의견을 경청하는 자세를 갖춘다면 더 나은 결과를 기대할 수 있을 겁니다.

부모와 자식의 관계를 가리켜 흔히 '천륜'이라고 표현한다. 하늘이 내려준 소중하고 절대적인 관계라는 의미다. 하지만 가장 가까워야 할 부모와 자식이 가장 어색하고 불편한 관계가 돼버리는 경우가 비일비재하다. 서로의 차이를 인정하고 상대방의 입장을 이해하려는 노력을 이어간다면, 수십 년 동안 두텁게 쌓인 갈등이 마치 눈 녹듯 사라지는 신기한 경험을 할 수 있을 것이다.

부모가 물려줄 수 있는 최고의 유산, '투자지능'

'자식은 부모의 거울'이라는 말마따나 자식은 부모에게 큰 영향을 받으며 성장한다. 말투나 행동, 습관과 성격, 경제적 성향 등 전반적인 부분에서 부모의 그것을 닮을 확률이 매우 높다. 하지만 투자는 이와 다소 궤를 달리한다. 투자로 큰 자산을 일군 부모라면 자식에게 자신의 노하우를 온전히 전수하기 위해 노력할 것이다. 하지만 투자를 통해 수익은커녕 손실만 기록한 사람이라면 어느 누구에게도 본인과 같은 투자 방식을 추천하지 못할 게 분명하다.

진호 씨의 경우 적어도 지금까지의 투자 행보를 평가하면 후자에 가까운 부정적 실적이라고 평가할 수 있다. 때문에 진호 씨는 자식들이 자신과 같은 우를 범하지 않길 바라는 마음에 기회가 닿을 때마다 투자에 관한 이야기를 나누곤 한다.

Q 김진호

딸이 사업을 하겠다고 말했을 때 처음에는 크게 반대했지만, '자식을 가장 저평가하는 사람이 바로 부모'라는 말처럼 저 역시 희원이를 너무 어리게만 보고 있었던 게 아닌가 하는 생각이 들었습니다. 딸아이는 사업을 시작한 첫해부터 3억 원 이상의 매출을 올리면서 승승장구하더라고요. 드러내놓고 표현하지는 않았지만, 내심 뿌듯한 마음이 들었습니다.

직접 사업을 시작한 후 딸은 종종 제게 세금 문제나 사업 운영 등에 대해 물어보곤 했습니다. 당연히 아낌없이 제가 아는 모든 것을 알려주고, 때로는 아예 제가 직접 나서서 일을 해결해주기도 했습니다. 그러던 중 딸과 투자에 대해 얘기를 나누게 됐습니다. 사업으로 수익을 내고 있으니 이를 활용해 투자를 좀 해보고 싶다고 하더군요. 그 자리에서 바로 아내와 함께 증권사를 방문해 계좌를 만들도록 했습니다.

투자에 실패했던 경험을 바탕으로 진호 씨는 딸에게 여러 가지 조언을 건넸다. 이야기의 내용 중에는 성급한 투자 혹은 무지성 투자의 위험성에 관한 경고가 포함돼 있었다. 하지만 홀로 자신만의 사업을 성공시킨 희원 씨는 투자를 시작하면서도 자기 주도적인 모습을 보였다. 나름대로 공부한 지식을 바탕으로 여러 가지 투자에 나선 것이다. 하지만 결과는 처참했다. 어리고 세상물정 모르는 희원 씨는 부동산 분야에 대해 조금이라도 공부했으면 절대 하지 않았을 선택을 한 것이다.

희원 씨는 부모님의 만류에도 불구하고 자신의 안목을 믿고 부동산 투자에 나섰다. 투자에 대한 지식이나 경험이 전무한 상태에서 잘 알아보지도 않고 투자에 나선 터라 실패는 당연한 수순이었다. 당시 매입한 아파트는 전혀 매력적인 투자처가 아니었다. 재건축 호재도 없고 준공연수도 제법 오래된 탓에 해당 지역에서 인기 있는 매물이 아니었다. 하지만 희원 씨는 오히려 시세보다 높은 가격을 주고 아파트를 매입했다. 명백한 투자 초보자의 모습이다.

그래도 내심 똘똘한 한 채를 마련했다고 뿌듯해한 것도 잠시, 문제는 금세 드러났다. 몇 년 뒤 사업이 잘 풀리지 않아 급히 자금이 필요해진 데다 전세금을 맞추기도 힘들어지자 희원 씨는 아파트를 매도하기로 결정했다. 그 결과 적어도 아버지는 부동산 투자로 손실을 보지 않았지만, 희원 씨는 수천만 원의 손해를 감수해야만 했던 것이다.

Q 김희원

사실 부모님은 제게 재개발이나 재건축 가능한 구축 빌라나 아파트에 투자하라고 권하셨습니다. 하지만 제가 보기에는 그저 낡아빠진 구닥다리 건물로밖에 안 느껴지는 거예요. '저런 곳에선 살고 싶지 않다'는 생각이 들었죠. 내가 살고 싶지도 않은 낡은 건물에 투자할 생각은 전혀 들지 않았습니다. 그때만 해도 부동산에 대한 지식이 거의 없었거든요. 그래서 부모님 만류에도 불구하고 다른 아파트를 매입했습니다. 잔소리를 듣는 것도 구구절절 설명하는 것도 귀찮아 그냥 혼자 가서 계약서를 썼습니다. 마음 한구석에는 '내 돈이니 내 마음대로 쓸 거야'라는 치기 어린 생각도 있었던 게 사실입니다. 그런데 몇 년 뒤 아파트를 매도할 때 제가 얼마나 어리석은 행동을 했는지 깨달았어요. 왜 주변 사람들이 '부모 말씀 들어서 손해 볼 거 하나도 없다'라고 하는지 알게 된 계기였습니다. 제 선택이고 결정이니 누구를 원망할 수는 없지만 정말 속이 쓰렸습니다.

진호 씨는 딸의 첫 부동산 투자 실패를 지켜보면서 '우리 가족에게는 투자 운이 없나 보다'라는 결론을 내렸다. 아버지의 실패를 고스란히 답습하는 딸의 모습에서 한편으로는 암담한 기분마저 느꼈다.

한 번 쓰라린 경험을 했지만 희원 씨는 투자를 멈출 생각이 없다. 자신의 경험과 지식이 부족해서 실패했다는 것을 잘 알기에 앞으로 투자 공부를 얼마나 열심히 하는지에 따라 얼마든지 만회할 수 있다고 생각하는 것이다.

　박종석 정신과 전문의는 김진호·희원 부녀에게 '한 번 실패했다고 해서 투자를 그만두는 것이 가장 큰 실패'라는 메시지를 전했다.

Q **박종석** 투자의 실패는 배움의 기회일 뿐

김진호·희원 씨 부녀는 모두 사업적으로는 큰 성공을 거뒀습니다. 하지만 투자 측면에서는 아쉬운 부분이 많은 게 사실입니다. 투자 공부를 계속하면서 몇 가지 단점만 보완하면 사업소득이라는 무기가 있으니 다른 사람들보다 더욱 큰 성공을 기대할 수 있을 거라고 생각합니다.

실패는 물론 성공에도 관성이 붙기 마련입니다. 위험을 회피하고 현재의 자산을 지키려고 투자를 멀리하거나 모험적인 것을 피하고 지금의 상태를 유지하기에 급급한 두 분의 마음가짐은 이 시대의 흐름과는 맞지 않는 선택입니다. 과거의 실패를 근거로 자신이 투자와 맞지 않는다고 생각하는 것은 전형적인 임의적 추론의 오류일 뿐입니다. 투자에 실패한 것과는 아무런 연관성도 없는 현상을 인과관계가 있다고 여기며 자신의 생각을 합리화하는 습관은 반드시 고쳐야 합니다. 그동안 두 분은 이성이 아닌 감정에 치우친 투자를 해왔습니다. 사물의 전체가 아닌 부분만 보고 서둘러 확신하는 추상화의 오류도 확인됩니다.

이들 부녀가 사업 수완은 훌륭하지만 투자에 계속 실패한 이유는 투자 공부를 전혀 하지 않고, 그저 감이나 운에 기대 투자처를 선택했기 때문입니다. 한 번 실패를 경험했다고 해서 투자를 포기하려고 생각하는 것이야말로 가장 최악의 투자 실패입니다. 투자는 철저한 산수입니다. 투자지능을 키우기 위한 노력을 꾸준히 이어간다면, 투자는 피해야 하는 위험이 아닌 평생을 함께 성장해 나갈 동반자가 되어줄 것입니다.

투자의 역사는 세대를 거치며 이어진다. 부모 세대의 성공적인 투자 노하우는 세대를 거듭할수록 더욱 깊이를 더해가면서 독자적인 투자 비법을 만들어 나간다. 부모 세대가 쌓은 투자지능이 고스란히 자식들에게 전해지는 선순환 구조가 작동하는 것이다. 게다가 부모의 실패가 꼭 자식의 실패로 연결되는 것은 아니다. 오히려 부모는 자신들의 실패 경험을 토대로 자식들에게 같은 실수를 반복하지 않게 하는 반면교사가 되어줄 수 있다.

성공이든 실패든 아무런 상관이 없다. 부모 세대가 쌓은 모든 투자 경험과 지식은 자식들의 투자지능이 성장하기 위한 자양분으로 작용한다. 부모가 사랑하는 자식들에게 물려줄 수 있는 최고의 유산은 다름 아닌 '투자지능'이라는 사실을 반드시 기억해야만 한다.

4

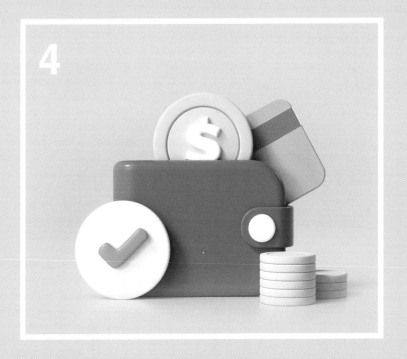

천 년 거목도 작은 씨앗에서 시작된다

2022년 1억 원의 가치는
어디쯤 있을까?

MZ세대가 중소기업 취업을 기피하는 이유

사례 3

올해 28세인 박대민 씨(가명)은 지금 2년째 대학 졸업을 미루고 있다. 코로나19 팬데믹의 여파 탓인지 취업 시장의 문이 더욱 좁아지면서 아직 직장을 잡지 못했기 때문이다. 물론 중소기업으로 눈을 돌리면 취업 자리가 제법 많은 건 사실이다. 하지만 대민 씨를 비롯해 친구, 선후배, 동기 등 대부분의 주변 지인은 중소기업에 지원할 생각조차 하지 않는다. 이에 대민 씨는 종종 '요즘 젊은 친구들은 배가 부르다'라는 비난 아닌 비난을 듣곤 한다. 그럴 때마다 대민 씨는 다소 억울한 감정마저 느낀다. 어느 정도 공감되는 부분도 있지만, 그러한 평가는 20대 청년들을 무시하기에 나오는 것이라고 생각되는 까닭이다.

태민 씨를 비롯한 대다수 20대 취업 준비생이 대기업 혹은 그에 준하는 높은 연봉을 주는 회사에 취업하려는 이유는 단 한 가지다. 그 정도 수준의 연봉이 보장되지 않는다면 평균 수준의 평범한 삶을 살아가는 것조차 어려울 거라는 위기감을 뼈저리게 실감하기 때문이다. 정부나 언론들은 중소기업의 여건이 많이 개선됐다고 주장하지만 청년들은 그런 말을 들을 때마다 과연 현실을 직접 확인하고 하는 말인지 의아할 뿐이다. 태민 씨는 실제로 중소기업이나 스타트업에 입사했던 친구들 중 90퍼센트 이상이 입사 1년 이내 퇴사를 선택하고 다시 취업 준비에 나설 정도라고 설명했다. '인간다운 삶'을 유지할 수 없을 정도의 열악한 근로 환경과 급여 조건을 외면한 채 그저 산술적인 '일자리 숫자'에만 집중하는 정부와 언론의 숫자놀음이 안타깝기만 할 따름이다.

대학교 졸업자 10명 중 7명은 평균 1500만 원 안팎의 학자금 대출을 안고 사회생활을 시작한다. 신입사원 초봉이 4000만 원을 훌쩍 넘는 대기업에 취직하면 그나마 형편이 낫겠지만 3000만 원을 밑도는 중소기업의 문턱을 넘었다면 꽤 오랜 시간 동안 대출금을 갚느라 온전한 월급을 손에 쥐지 못할 확률이 높다.

　수많은 청년이 좌절감을 느끼는 부분이 바로 이 지점이다. 각자의 상황에 따라 다르지만, 일반적으로 대학교를 졸업한 후 취업에 성공하고 나면 20대 중후반의 나이에 다다른다. 모두가 소위 좋은 직장을 바라는 것은 인지상정일 터. 하지만 피라미드 구조가 여실히 드러나는 우리나라의 직장 분포도는 청년들의 입장을 쉬이 허락하지 않는다.

대학 졸업을 앞둔 20대 청년들에게 연봉의 액수는 일상의 질과 직결되는 문제다. 만약 4000만 원 정도 초봉을 받는 대기업을 들어간다면 1~2년 만에 학자금 대출을 모두 상환하고도 제법 많은 금액을 저축할 수 있을 것이다. 하지만 초봉 2800만 원 수준인 중소기업에 발을 디뎠다면 학자금 대출을 상환하는 데까지 걸리는 시간이 2~3배가량 늘어날 수도 있다. 물론 저축액수도 대기업 입사자와 상당한 차이를 보일 것이다.

수십만 중소기업이 여전히 인력난에 시달리고 있는 것은 사실이다. 하지만 청년들은 이들 기업에 눈을 돌리지 않고 졸업을 미루면서까지 대기업에 취업하기 위해 취업 준비생의 신분을 유지하고 있다. 지금 당장의 안위를 위해 낮은 연봉의 일자리를 선택한다면 앞으로의 삶이 더욱 힘들어질 것임을 누구보다 잘 알고 있는 까닭이다.

최근 취업 시장의 흐름은 크게 두 가지로 나눠볼 수 있다. 공무원이나 공기업처럼 안정성이 높은 직군을 준비하거나 IT 대기업을 중심으로 한 취업을 목표로 하는 것이다. 당연한 얘기지만 연봉은 어느 회사에 취업하려고 지원할지 선택하는 데 있어 가장 중요한 기준이다. 초봉 액수가 결국 5년, 10년 뒤의 연봉을 결정하기 때문이다.

만약 초봉이 2000만 원 수준이라면 1~2년 먼저 취업하는 게 그리 중요하지 않다. 조금 늦게 취업하더라도 연봉 4000만 원이 넘는 회사에 들어가면 그 정도 차이는 금세 추월할 수 있는 까닭이다. 하지만 다른 어떤 이유보다 연봉의 크기가 중요한 건 향후 투자에 나설 수 있는 '시드머니 Seed-Money (종잣돈)'의 규모가 판가름 나기 때문이다.

지금 20~30대에게 당면한 과제는 '저축을 얼마나 했느냐'가 아니라 '투자할 수 있는 돈을 얼마나 모았느냐'로 귀결된다. 연봉은 그저 앞으로의 투자를 위한 종잣돈을 모으는 수단에 불과할 뿐이라는 인식이 확고하게 자리 잡은 것이다.

산 너머 산, 취업이 끝이 아니다

사례 4

국내 최대 포털사이트에서 일하는 입사 6년차 대리 김성철 씨(35세)는 그동안의 직장 생활로 1억 500만 원의 종잣돈을 마련할 수 있었다. 국내 최고 수준의 연봉과 그에 비례하는 성과금을 받고 있지만, 성철 씨는 생각보다 돈이 잘 모이지 않는다는 느낌을 떨칠 수 없다. 입사 후 3년 동안 3000만 원이 넘는 학자금 대출을 상환하고 매달 70만 원에 달하는 월세와 관리비를 감당하느라 돈을 모을 여력이 없었던 까닭이다. 학자금 대출을 모두 상환한 후 준중형차 한 대를 신차로 구입하기는 했지만, 비흡연자에 술을 그다지 즐기는 편이 아님에도 불구하고 입사 후 세웠던 계획에 비해 저축 액수는 턱없이 부족하기만 하다. 성철 씨는 "대기업에 입사만 하면 장밋빛 미래가 펼쳐질 줄 알았지만, 제 앞가림만 하기에도 벅찬 게 현실이더군요"라는 한탄으로 청년들의 현실을 전했다.

1억 원은 시대를 막론하고 상징적인 금액이다. 다만 과거에는 서울 시내의 웬만한 아파트를 살 수 있는 액수였다면, 최근에는 투자를 위한 종잣돈의 최소 기준이라는 의미밖에 갖지 못한다는 차이가 있을 따름이다. 한 가지 분명한 사실은 성철 씨가 6년간 직장 생활을 하면서 1억 원이 넘는 금액을 모았다는 건, 그의 성실성을 증명하기에 충분하다는 것이다.

하지만 정작 1억 원을 모은 성철 씨는 오히려 허탈한 마음을 숨길 수 없었다. 1억 원이라는 돈은 현재 자신이 살고 있는 집의 전세 보증금조차 되지 못했다. 물론 성철 씨도 처음에는 전셋집을 알아봤지만, 최근 월세 혹은 반전세로 전환되는 부동산 시장의 흐름에 밀려 어쩔 수 없이 매달 70만 원의 추가 지출을 감수해야만 했다.

성철 씨의 사례에서 알 수 있듯, 대기업에 취업했다고 해서 투자 원금이 기하급수적으로 늘어나는 것은 아니다. 물론 연봉이 높을수록 종잣돈의 크기가 커지는 건 당연한 수순이지만, 대기업이든 중소기업이든 근로소득으로 모을 수 있는 금액은 한정될 수밖에 없다. 그럼에도 불구하고 대기업을 목표로 하는 청년들의 의지는 확고하기만 하다.

대기업 고집하는 MZ세대, 출발선이 다르기 때문

국내 시가총액 1위 기업인 삼성전자는 지난해 반도체를 중심으로 한 DS(디바이스솔루션) 사업부에 연봉의 50퍼센트에 해당하는 성과급을 추가로 지급했다. 특히 DS 사업부 내에서도 큰 성과를 거둔 메모리 분야는 여기에 5달치 기본급에 해당하는 특별 보너스를 부여받기도 했다. 기본급이 7200만 원인 직원이라면 3600만 원의 성과급과 3000만 원의 특별 보너스 등을 포함해 총 1억 4000여만 원의 소득을 올린 것이다.

삼성전자의 전통적 라이벌로 꼽히는 LG그룹의 LG이노텍은 계열사 중에서 가장 높은 수준인 '기본급 1000퍼센트'를 성과급으로 지급한다. LG화학도 지난해 역대 최대인 기본급 850퍼센트의 인센티브를 책정했다. CJ제일제당 역시 바이오사업부에 최대 연봉의 77퍼센트에 해당하는 성과급을 전달했다.

국내에서 손꼽히는 대기업들의 통 큰 행보에서 청년들이 왜 그토록 간절하게 해당 기업들의 입사를 꿈꾸는지 이해할 수 있다. 하지만 정작 대기업 종사자들은 이토록 높은 연봉에 만족하지 못하는 것으로 나타났다. 통계청의 '2021년 사회조사' 결과에 따르면, 지난해 월평균 가구 소득이 600만 원 이상인 만 19세 이상 성인 가운데 91.1퍼센트가 '나는 사회적·경제적 지위가 중간 이하라고 생각한다'고 답했다. 고소득자임에도 불구하고 10명 중 9명은 자신의 현재 상황에 만족하지 못하고 있는 것이다. 이들이 자신의 상황을 긍정적으로 평가하지 않는 이유는 바로 '집값 급등으로 인한 소득과 자산 격차 확대' 때문이다. 소득이 높더라도 주택이 없으면 자신의 위치를 높게 평가하지 않는다. 근로소득이 늘어나는 속도보다 부동산 같은 자산의 가치가 상승하는 추세가 훨씬 빠른 시장의 흐름에서 그 이유를 찾을 수 있다. 과거 가장 대중적으로 받아들여졌던 자산 형성 방법인 근로소득이 이제는 그저 자산 증식의 또 다른 방식인 투자를 위한 종잣돈 마련 수단에 지나지 않게 된 것이다.

천정부지 부동산, MZ세대가 도박 같은 투자의 길로 내몰리는 이유

금융자본주의 시대의 한복판에 살고 있는 MZ세대에게 있어 투자는 생존을 위한 필수불가결한 선택이나 다름없다. 근로소득의 의미가 희미해지는 시대에 MZ세대를 비롯한 모든 이는 투자를 통한 생존을 고민할 수밖에 없다. 부모 세대에게 근로소득은 경제 생활의 주춧돌이었다. 성실하게 일해서 번 근로소득을 은행에 알뜰살뜰 모으는 것만으로도 충분히 보다 나은 미래를 꿈꿀 수 있었다. 그러나 지금은 어떤가. 착실히 근로소득을 모으는 것만으로는 그 무엇도 할 수 없다. MZ세대에게 근로소득이란 현재의 생활을 유지하는 원천인 동시에 미래를 대비하기 위한 투자 재원에 불과하다. 성실히 일하는 것만으로는 더 이상 살아갈 수 없는 시대가 된 것이다.

서울의 아파트 평균 가격이 10억 원을 넘은 지 오래다. 강남 아파트 가격은 20억~30억 원을 훌쩍 뛰어 넘는다. 설사 대기업에 입사해 4000만 원의 초봉과 200~300퍼센트의 성과급을 받는다고 가정하더라도 1년에 저축할 수 있는 금액에는 분명한 한계가 있다. 부모님과 함께 살면서 생활비나마 어느 정도 절약할 수 있다면 다행이지만, 부모님의 집이 회사와 너무 먼 지역에 위치해 있거나 기타 불가결한 이유로 어쩔 수 없이 월세 혹은 전세살이를 감내해야 하는 청년들도 많다.

이러한 시대적 흐름 속에서 오랜 경제 활동으로 어느 정도 종잣돈을 마련한 40대 이상의 세대는 상대적으로 마음의 여유를 가질 수 있다. 같은 수익률을 내더라도 투자 원금이 큰 경우, 더 많은 수익을 거두는 것은 당연한 계산이다. 하지만 지금 막 사회생활을, 그것도 이미 수천만 원의 빚을 진 상태에서 시작하는 MZ세대에게 근로소득으로 충분한 종잣돈을 마련하기까지 걸리는 시간은 쉬이 가늠조차 되지 않을 정도로 아득하기만 하다.

MZ세대가 도박과 다름없는 암호화폐 투자나 로또복권보다도 극악의 성공률을 보여주는 선물 투자 등에 관심을 갖고 나아가 직접 투자에 나서는 이유도 이와 맞닿아 있다. '궁상맞게 산다'는 말을 들을 정도로 허리띠를 졸라매며 저축하더라도 매달 저축할 수 있는 금액은 100만~200만 원 수준에 불과한 까닭이다. 이조차도 그나마 번듯한 대기업에 들어가야 가능한 이야기다. 연봉이 상대적으로 낮은 중소기업에 들어가면 한 달 생활비에 주거비를 해결하고 나면 손에는 고작 푼돈만 남을 뿐이다. 학자금 대출에 전세자금대출 등 빚이라도 지고 있다면 상황은 더 암담해진다. '어느 세월에 돈을 모아서 집을 구입하느냐'는 한탄이 절로 나올 수 밖에 없는 현실이다. 이런 상황을 감안하면, 얼마 되지 않는 종잣돈에 대출 등 레버리지를 활용해 암호화폐, 선물 등 하이리스크 하이리턴 상품에 적극적으로 투자하는 MZ세대의 투자 행태도 일견 이해할 수 있는 부분이 있다. 하지만 그럼에도 불구하고 안타까움을 금할 수 없는 것 또한 사실이다.

물론 우리나라 국민의 초조한 심정은 충분히 공감하고 또 이해한다. 나는 숨을 헐떡이면서 죽을힘을 다해 달리고 있는데 집값이나 물가는 거침없이 하늘을 가로지르며 저만치 앞서가는 꼴이니 어찌 애가 타지 않겠는가. 인생을 건 도박이라도 하지 않으면 평생 지금 이 자리에 머물러 있어야만 할 것 같은 불안감이 투자의 탈을 쓴 도박의 길로 사람들을 유혹하고 있는 현실이다.

주식 투자를 처음 시작하는 사람이라면 십중팔구 '여유 자금으로만 투자하라'는 조언을 들어봤을 것이다. 하지만 그러한 조언이 귀에 들려오지 않는다. 대부분의 사람이 근로소득을 차곡차곡 모아 마련한 종잣돈을 기반으로 투자에 나서는데, 하루가 다르게 치솟는 부동산 가격을 보면 피가 마를 수밖에 없다. '티끌'인 현실 앞에서 힘이 빠진다. 그렇게 어쩔 수 없는 현실이라고 포기했다가도 적은 돈으로 암호화폐 투자에 나섰다가 수억 원의 수익을 냈다는 이야기를 들을 때면 '어쩌면 나도' 하는 생각이 든다. 위험한 투자에 빠져들었다가 감당할 수 없는 결과를 받아들이게 된 MZ세대의 이 같은 절규를 그저 자기합리화라고 깎아내리기엔 오늘 우리가 처한 현실이 너무도 엄혹하다.

하지만 MZ세대라고 해서 다 도박 같은 투자에 빠져 있는 건 아니다. 작은 규모이지만 애써 모은 종잣돈의 소중함을 마음에 새기고 느리지만 탄탄한 투자 행보를 보이는 이도 분명 존재한다.

박민준 씨(36세, 무직)는 지난해 8월 퇴직 후 투자에 적극 나섰다. 민준 씨의 투자 원금은 1000만 원가량으로 지난 수년간의 직장 생활로 모은 유동자산과 실업급여 등 거의 전 재산이라고 할 수 있다. 민준 씨는 1000만 원의 종잣돈을 기반으로 A사, M사, G사 등 세계적인 글로벌 기업 4곳의 주식을 분산 매입했다. 아울러 주식을 자주 사고파는 소위 '단타 투자'를 지양하고 기업의 가치평가를 중심으로 한 장기 투자를 실행하고 있다. 보기 드문 '주식 투자의 정석'이라고 할 수 있는 투자 행보다.

박민준, 최정임 모자

최정임 민준 엄마

부모 잘 만났으면 빚도 없이 출발했다면 좋았을 텐데

Q 뉴욕주민 투자 관련 공부 병행은 필수

기본적으로 박민준 씨의 투자는 크게 흠잡을 부분이 없습니다. 가장 안정적인 주식 투자 방식인 '우량주 장기 투자' 형태를 충실하게 따르고 있기 때문이죠. 최근 주식시장이 좋은 흐름을 보인 덕분에 꽤 높은 투자 수익을 거두기도 했으니, 투자 자체만 평가하면 높은 점수를 받을 수 있을 겁니다. 하지만 여기까지 오는 데는 민준 씨의 노력보다 운이 크게 작용했다는 점에 주목해야 합니다.

민준 씨가 투자한 종목들은 전 세계 수많은 기업 중 10위 안에 들어가는 곳들입니다. 민준 씨는 충분히 공부한 뒤 해외 주식에 투자한 게 아니라 조금은 운에 기댄 투자를 실행에 옮겼다고 할 수 있습니다. 지금까지는 전체적으로 주식시장이 호황을 보였던 덕분에 제법 괜찮은 성과를 거둘 수 있었지만, 앞으로도 이러한 수익률을 유지하기 위해서는 반드시 관련 공부를 병행함으로써 투자지능을 높이려는 노력이 수반돼야 합니다.

민준 씨의 투자 행보에서 가장 주목해야 하는 부분은 냉정한 자기 객관화가 선행됐다는 점이다. 민준 씨 역시 각종 언론을 통해 암호화폐의 거짓말 같은 수익률과 관련된 기사를 종종 접해왔다. 연봉이 그리 높지 않고 종잣돈마저 보잘것없는 민준 씨 입장에서는 소위 '한 방'의 유혹이 매우 달콤하게 다가왔을 것이다. 하지만 민준 씨는 냉정하게 자신의 상황을 평가했다. 암호화폐에 대한 지식이 전무한 상황에서 섣불리 투자에 나섰다가는 그나마 손에 쥐고 있는 작은 씨앗마저 불타버릴 수 있다는 결론을 내린 것이다.

🔍 박민준

만약 제가 해외 주식에 투자하지 않고 암호화폐에 투자했다면 훨씬 높은 수익을 올릴 수도 있었을 겁니다. 하지만 이는 어디까지나 결과론적인 얘기일 뿐이죠. 비트코인이나 이더리움 같은 주요 암호화폐가 아닌 신종 코인을 매입해서 높은 수익률만 노렸다면 상장폐지라는 비극적인 결과를 받아들여야 했을지도 모릅니다. 투자에 앞서 제가 고려한 여러 가지 선택지 중 암호화폐도 있었던 건 사실입니다. 하지만 전통적인 투자 종목인 주식에 대해서도 아직 제대로 된 지식이나 경험을 쌓지 못했는데, 용어마저 생소한 암호화폐를 덜컥 매입할 수는 없었습니다. 결국 수익률이 다소 낮더라도 종잣돈을 지킬 수 있는 최소한의 안전 장치를 마련하고자 해외 우량 주식에 투자하기로 결정하게 됐습니다.

오직 하이 리턴만을 노리며 암호화폐와 주식 선물에 투자했지만 오히려 큰 손해만 본 안영빈·박혜선 부부와 달리 민준 씨는 안정성에 주목해 투자처를 선택했다. 성실한 직장 생활로 묵묵히 일궈온 소중한 종잣돈의 가치는 그 무엇과도 비교할 수 없을 정도로 크고 특별했기에 도박 같은 결정을 할 수 없었기 때문이다. 비록 그리 크지 않은 액수이지만 민준 씨에게 있어 1000만 원이라는 종잣돈은 더 나은 미래를 그려 나가기 위한 시작점이자 근간이었다.

🔍 박민준

그동안 연차에 비해 낮은 연봉과 학자금 대출 상환, 여러 가지 지출 등이 맞물린 탓에 그렇게 큰돈을 모으지 못한 건 사실입니다. 제가 모은 1000만 원은 어느 누군가에게는 아주 적은 돈일 수도 있습니다. 하지만 제게 이 돈은 좀 더 나은 내일을 만들어 나가기 위한 발판입니다. 아무리 높은 수익률을 기대할 수 있더라도 안전이 보장되지 않는다면 제게는 매력적인 투자처가 아닙니다. 물론 저도 종종 암호화폐나 선물 투자가 만들어내는 기적과도 같은 수익률에 혹할 때가 있습니다. 하지만 제가 목표로 하는 수준의 투자 원금이 만들어지기 전까지는 위험성이 높은 분야에 투자하는 일은 없을 것 같습니다.

마치 투자에 대한 강박관념이라도 갖고 있는 듯한 이 시대 20~30대 청년들은 때때로 과정의 중요성을 간과하는 모습을 보인다. 근로소득의 의미가 가벼워졌다고는 하지만 특별한 외부의 지원 없이 스스로 종잣돈을 만드는 최선의 방법은 정기적으로 지급되는 급여의 일부를 저축하는 것뿐이다. 물론 마음이 급한 이들은 다양한 창구를 통해 어떻게든 종잣돈을 마련해서 투자에 나서기도 한다. 신용이 우수해 제도권 금융기관을 이용할 수 있으면 그나마 다행이지만 이율이 높은 비제도권 금융기관에서 돈을 융통하는 무리수를 두는 한이 있더라도 근로소득으로 착실하게 종잣돈을 만드는 과정을 생략하는 어리석은 행동 패턴을 보이는 것이다.

🔍 **뉴욕주민** 빚투 · 영끌을 경계하라

투자를 준비하는 과정이 공부에 국한되는 건 아닙니다. 오히려 실제로 투자할 수 있는 종잣돈을 만드는 데 더 오랜 시간과 노력이 필요합니다. 최근 몇 년 사이에 비정상적으로 오른 집값이 수많은 사람에게 불안감을 심어주면서 한시라도 빨리 투자를 하기 위해 여러 창구를 통해 돈을 융통하는 모습을 쉽게 볼 수 있습니다. 레버리지라는 경제적 용어가 있지만, 결국 이는 빚입니다. 사람들의 급한 마음은 충분히 공감하지만, 모든 일에는 순서가 있는 법입니다. 최소한의 종잣돈을 모으기 전까지는 너무 위험한 투자에 나서지 않기를 바랍니다.

우리나라 속담에 '천 리 길도 한 걸음부터'라는 말이 있다. 아무리 급하더라도 힘을 들여 발을 움직이지 않고서는 목적지에 도달할 수 없는 법이다. 투자 역시 마찬가지다. 지금 당장 대기업 주식을 매입하고 싶고, 이른바 '갭투자'를 통해서라도 부동산을 사고 싶어도 이를 실행에 옮기기 위한 최소한의 조건, 즉 종잣돈을 마련하려는 과정은 반드시 필요하다.

영화관에 들어가려면 먼저 영화표를 구입해야 한다. 투자라는 분야에 새롭게 입문하기 위한 최소한의 자격, 종잣돈을 만드는 과정을 고이율 대출 같은 편법으로 생략한다면 그 결과는 자칫 날카로운 부메랑으로 되돌아와 삶을 파괴해버릴 수도 있다는 사실을 명심해야 한다.

현대판 토끼와 거북이

지금 투자가 급한 게 아니야!

박민준 씨에게 투자는 넉넉하지 못한 현실을 타개할 수 있는 유일한 수단이라는 믿음이 있다. 민준 씨는 20대 후반에 취업하는 데 성공했음에도 불구하고 그리 높은 연봉을 받지 못한 탓에 많은 종잣돈을 모으지는 못했다. 하지만 다행히 민준 씨는 암호화폐나 선물 같은 무리한 투자를 선택하지 않았다. 그가 고른 투자 종목은 해외 주식. 근로소득으로 모은 1000만 원을 기반으로 글로벌 기업 4곳의 주식을 매입했다. 투자 전문가이자 〈tvN-투자지능〉의 멘토로 출연한 '뉴욕주민'은 민준 씨의 투자에 높은 점수를 매겼다. 투자 자체만 놓고 보면 크게 흠잡을 곳이 없다는 설명이다. 실제로 1년간 4개 종목에서 평균 30퍼센트 정도의 수익률을 기록한 민준 씨의 투자 일지는 꽤 훌륭한 편이다.

Q 박민준

해외 주식시장의 호황에 편승하기는 했지만, 기본적으로 제 투자 방식이 괜찮았기 때문에 높은 수익을 거둘 수 있었다고 생각합니다. 아무리 시장이 좋더라도 투자 방법이 잘못됐다면 수익을 거둘 수 없었을 겁니다. 스스로 과대평가하는 성향은 아니지만, 현재의 투자 철학을 고수해 나간다면 앞으로도 큰 손해는 보지 않을 거라는 확신을 갖고 있습니다.

꽤 높은 수익을 기록한 민준 씨는 다소 늦게 투자에 나선 것을 후회하고 있다. 몇 년 전에 투자를 시작했다면 더 많은 종잣돈을 모을 수 있었을 것이고, 같은 수익률이라 할지라도 절대적인 수익금의 액수가 훨씬 커졌으리라는 아쉬움이 있다.

아마 많은 사람이 민준 씨의 이야기에 공감할 것이다. 현재 투자를 하고 있는 이들 중 대부분의 사람이 '그때 부동산을 샀더라면', '5년 전에 암호화폐를 시작했더라면', '그 주식을 샀어야 했는데' 같은 생각을 한 번쯤은 해봤을 것이다.

문제는 여기에서 시작된다. 투자 시기를 놓쳤다고 생각하는 사람들은

'늦었다고 생각할 때가 가장 빠른 때'라는 격언을 말 안 되는 상황에 갖다 붙이기 시작한다. 지금이라도 투자하면 리스크 없이 큰돈을 벌 수 있을 거라는 근거 없는 판단에 사로잡혀 이른바 '영끌'까지 감수하면서 투자에 나서는 것이다. 실제로 2020년 말 신용대출 규제를 실시하기 전까지 마이너스통장 개설률은 역대 최대를 기록했다. 자신이 생각하는 투자 자금의 규모와는 상관없이 '일단 받을 수 있는 만큼 최대한 받아놓고 생각하자'는 심리가 작동했던 것으로 분석된다.

이러한 현상이 일어나는 원인은 크게 두 가지를 생각해볼 수 있다. 유례없는 호황을 누리는 각종 투자 시장의 흐름에 초조한 마음을 갖게 된 데서, 그리고 자신의 능력이나 리스크를 고려하지 않고 '빚'을 내서라도 종잣돈을 마련하려는 섣부른 결정에서 그 이유를 찾을 수 있다. 전자는 충분히 공감되는 부분이다. 지금이라도 투자 버스를 타지 않으면 영영 목적지에 도착하지 못할 거라는 위기감은 아마 대다수 사람이 공통적으로 느끼는 심정임이 분명하다. 하지만 후자의 위험성을 인지하지 못한다면 자칫 큰 위기를 겪을 수도 있다. 지난 수년간 '제로$^{Zero, 0}$ 금리'를 고수하던 금융시장은 최근 급격하게 금리를 높이는 흐름을 보이고 있다. 같은 금액을 빌리더라도 3년 전과 지금을 비교하면 2배 이상의 이자 차이가 발생하게 된 것이다. 이러한 추세는 소위 '영끌족'들에게 큰 타격을 안겨줬다. 그동안 급여의 절반가량을 이자로 납입했다면, 이제는 월급의 대부분을 고스란히 은행에 줘야 하는 까닭이다.

이와 관련 뉴욕주민은 시대의 변화와는 상관없이 근로를 통한 소득 창출은 지속적으로 이어져야 한다고 강조했다.

🔍 뉴욕주민 씨앗이 있어야 꽃이 피는 법

금융자본주의 시대에 자산 증식을 위한 최선이자 최고의 방법은 투자임이 분명합니다. 하지만 아무리 훌륭한 투자 기법이라 할지라도 이를 적용할 수 있는 '근본적인 투자 원금', 즉 종잣돈이 필요합니다. 쉽게 말해, 수천 퍼센트의 기적적인 수익률이 기대되는 투자처가 있더라도 지금 내 수중에 100만 원밖에 없다면 자산을 증식하는 데 한계가 있을 수밖에 없습니다.

아무리 시대가 변했더라도 종잣돈을 마련하는 방법은 지극히 한정적일 수밖에 없습니다. 부모님의 도움을 받을 수 있는 상황이라면 좋겠지만, 대다수 사람은 자신의 근로소득을 알뜰살뜰 모아 종잣돈을 쌓아가야 합니다. 매달 200만 원씩 저축하더라도 1억 원을 모으기까지 꼬박 4년이 걸리죠. 물론 이렇게 할 수 있을 정도의 급여를 받는 경우는 드물기 때문에 실제로는 더 많은 시간이 걸릴 겁니다. 바로 이 지점에서 사람들은 답답함과 불만을 느끼는 것이지요. 하지만 투자의 귀재가 아니라 투자의 신이라 할지라도 기본적인 씨앗이 없다면 꽃을 피울 수 없습니다. 종잣돈을 마련하는 과정은 선택이 아닌 필수라는 것을 기억해야 합니다.

물론 수백만 원의 종잣돈으로 수십, 수백억 원의 자산을 일군 사례가 아예 없는 건 아니다. 다만 그들의 자산 증식 과정을 천천히 뜯어보면 오랜 시간 동안 꾸준한 수익률을 기록한 경우가 많다. 암호화폐처럼 한 방으로 큰돈을 번 경우는 극히 드물다. 무엇보다 수천 퍼센트, 수만 퍼센트의 사기적인 수익률을 기대할 수 있는 투자 수단은 '투자'가 아닌 '투기' 혹은 '도박'일 뿐이라는 사실을 명심해야 한다.

빚투·영끌이 위험한 이유

역사상 손꼽히는 심리학자인 매슬로Abraham Harold Maslow는 1943년에 발표한 저서 《인간의 동기와 성격》에서 인간의 욕구를 설명했다. 매슬로는 인간의 욕구를 생리, 안전, 애정 소속의 하위 3단계와 존경, 자아실현의 상위 2단계로 분류했다. 바로 이 자아실현이 매슬로가 주장하는 인간의 최종 욕구다.

학창 시절, 우리는 '직업은 자아실현을 위한 수단'이라고 배웠다. 해당 직업을 통해 자아실현이라는 가치를 이루라는 가르침이었다. 하지만 금융자본주의 시대의 한복판에서 직장이 갖는 의미는 그저 생존을 목적으로 한 투자를 실행하기 위한 종잣돈 마련 수단에 지나지 않게 됐다.

MZ세대는 더 이상 회사에 충성하지 않는다. 그들의 관심사는 더 이상 승진이나 연봉 상승이 아니다. 사내 인사 평가보다는 일주일 전에 매입한 암호화폐의 현재 시세가 더욱 중요하고, 투자 시기를 가늠하고 있는 특정 주식에 관한 이슈에서 눈을 떼지 못한다.

MZ세대에게 있어 근로소득은 금융기관에서 빌린 레버리지를 유지하는 비용 이상의 의미를 갖지 않는다. 과거처럼 근로소득을 꾸준히 모아 종잣돈을 마련한 후 내 집 마련 혹은 투자 등으로 이어지는 구조가 아니라 빚으로 종잣돈을 먼저 마련하고 투자를 통해 이를 상쇄하는 방법을 선택하는 경향이 자리 잡은 배경도 바로 여기에 있다.

문제는 이러한 선택에 근거가 부족하다는 사실이다. 일정 수준의 이자를 감수하고 빚을 내서 종잣돈을 마련한 경우, 투자 실패는 곧 삶의 근간까지 뒤흔드는 치명적인 타격으로 귀결될 수도 있다.

만약 1억 원을 4퍼센트의 이율로 대출을 받았다면 매년 400만 원, 매달 33만 원의 이자를 부담해야 한다. 이는 어디까지나 이자 '만' 계산했을 때의 얘기다. 이렇게 마련한 자금으로 투자에 나섰다가 만약 수익이 나기는커녕 50퍼센트 손실을 봤다면, 나머지 금액을 회수하더라도 5000만 원에 해당하는 원금을 고스란히 갚아야 한다. 매달 자신의 급여 중 절반 이상을 수년 동안 손에 쥐어보지도 못하게 되는 것이다.

최근 들어 '영끌족의 눈물'이라는 제목의 기사가 급증하는 것도 바로 이런 이유 때문이다. 부동산같이 실물자산이 남는, 그리고 가치가 꾸준히 증가하는 종목에 투자했다면 그나마 나은 상황이라고 할 수 있다. 잘못된 선택으로 자신의 삶마저 위협받는 경우도 있다. 오직 수익률만을 고려해 암호화폐나 기타 도박적 성격의 투자 종목을 선택한 이들은 한순간의 선택으로 그동안 힘들게 일궈온 삶의 기반이 무너져버리기도 한다.

투자의 왕도, 과정의 중요함을 잊지 마라

박민준 씨는 한동안 실업급여를 받으며 이른바 '전업투자자'로 활동했다. 꽤 높은 수익을 기록하며 자산을 불린 민준 씨 역시 다른 사람들과 마찬가지로 적은 종잣돈에 대한 아쉬운 마음을 갖고 있다. 한편으로는 지금처럼 우량주에 투자해 위험성을 줄이고 꾸준히 수익을 낸다면 은행에서 대출을 받아 투자에 나서더라도 이자 정도는 충분히 감당할 수 있을 거라는 계산이 선다. 때문에 최근에는 금융기관에서 자금을 좀 더 마련해 기존 투자 종목 이외에 높은 수익률을 기대할 수 있는 종목에 투자해보는 것으로 노선을 변경해볼까 고민하고 있다.

박종석 정신과 전문의는 민준 씨의 계획에 큰 우려를 표했다. 우량주에 장기 투자하는 안정적인 방식에 만족하지 못하고 위험한 투자에 나섰다가 나락에 빠지는 경우를 너무도 많이 봐왔기 때문이다. 그보다는 현재의 실업 상태를 하루빨리 타개하고 근로소득을 통해 투자 자금을 꾸준히 불려 나가는 한편 안정적인 수익을 유지하는 방법을 권고했다.

다행히 민준 씨는 얼마 지나지 않아 예전보다 좋은 조건으로 새로운 회사에 입사하게 됐다. 그러면서 전문가의 조언을 받아들여 종잣돈 마련 계획에 수정을 가했다. 현재와 같은 포트폴리오를 이어가는 동시에 급여의 일정 부분을 지속적으로 투자하기로 계획을 바꾼 것이다.

Q 박종석 안정적이고 꾸준한 수익률

박민준 씨가 적은 자본금에도 불구하고 미국 우량 주식에 장기 투자한 것은 현명한 판단입니다. 하지만 지금처럼 종잣돈이 다소 부족할 때는 투자로 이익을 보는 게 오히려 독이 될 수도 있습니다. 지금처럼 안정적이고 꾸준한 수익률에 만족하지 못하고 적은 원금을 5배, 10배로 키우고 싶은 욕망이 생기기 때문입니다.

투자로 5억 원을 만드는 건 말처럼 쉬운 게 아닙니다. 오히려 실패할 확률이 더 큽니다. 근로소득으로 종잣돈을 마련하는 것은 느리지만 가장 확실하고 1퍼센트의 위험성도 존재하지 않는 방법이지요. 1000만 원의 자본금으로 5억 원을 만들려면 단 한 번의 실패도 없이 기적적인 수익률을 유지해야 합니다. 많은 사람이 성급한 마음에 빨리 종잣돈을 늘리기 위해서 암호화폐 같은 도박적 투자를 하는 이유가 바로 여기에 있습니다. 하지만 성실히 일해 근로소득을 모으고 현재와 같이 안정적이고 지속적인 투자 수익률을 유지한다면 5억 원의 종잣돈을 마련하는 데 생각보다 오랜 시간이 걸리지 않을 겁니다.

이렇게 종잣돈이 늘어난다면 지금처럼 20~30퍼센트의 수익률을 내지 못하는 상황이 오더라도 버틸 수 있는 여력을 갖게 됩니다. 단순하게 계산하면 5억 원의 종잣돈으로 2~3퍼센트의 수익만 내더라도 1000만 원 이상의 돈을 벌 수 있습니다. 물론 하루아침에 큰돈을 모으는 건 불가능한 일입니다. 그렇기에 더더욱 큰 규모의 종잣돈을 투자로 '만' 마련하려는 생각을 버려야만 합니다.

지금까지 민준 씨는 투자를 아주 잘해왔습니다. 하지만 돈을 버는 방법이 투자뿐이라는 생각은 개선할 필요가 있습니다. 하루 빨리 다시 직장을 구하고 다소 적은 연봉일지라도 꾸준한 수입을 올릴 수 있는 창구를 마련하는 게 가장 시급하다고 판단됩니다.

우리나라 국민이라면 누구나 알고 있을 전래동화 '토끼와 거북이'처럼 우직하게 근로소득을 저축해서 종잣돈을 만드는 사람이 처음에는 크게 뒤처진 것처럼 보일 수도 있다. 하지만 경주하다가 잠에 빠져 승리를 놓친 토끼처럼 빚으로 종잣돈을 마련한 사람들은 한순간의 실수로 돌이킬 수 없는 수렁에 빠질 확률이 높다.

나무젓가락의 포장지를 먼저 뜯지 않고서는 짜장면을 먹을 수 없는 법이다. 모든 일에는 그에 맞는 순서가 있듯, 투자 역시 종잣돈을 마련하는 힘들고 지루한 과정을 마친 후에야 비로소 제대로 된 시작을 할 수 있다. 이러한 과정을 뒤집고 빚을 내서 종잣돈을 만드는 행동은 마치 젓가락을 버리고 손으로 짜장면을 퍼먹는 것과 다르지 않다.

　튼튼하게 다진 토대 위에 쌓은 성은 쉬이 무너지지 않는다. 성실한 직장 생활로 착실하게 근로소득을 모아 종잣돈을 만드는 과정은 천 년 세월을 버틸 성을 올릴 튼튼한 토대를 만드는 일과 같다. 자신의 투자, 나아가 삶을 건강하게 유지하고 싶다면 결코 과정의 중요함을 무시하지 말아야 할 것이다.

운은 실력이 아니다

아직 종잣돈이 부족한 청년들의 경우, 높은 수익률을 올리더라도 절대적인 수익금은 그리 크지 않을 수밖에 없다. 연이율 5퍼센트의 적금에 매달 150만 원씩 저축하더라도 1억 원을 만들기까지 무려 4년 11개월이 걸리

는 현실에서 수천만 원의 학자금 대출을 안고 사회생활을 시작하는 사회 초년생들이 느낄 좌절감의 크기는 쉬이 상상이 가지 않는다.

민준 씨 역시 마찬가지다. 지금까지 7~8년가량 꾸준히 직장 생활을 해왔지만 투자를 시작할 때 손에 쥐고 있던 종잣돈은 겨우 1000만 원 수준으로, 30퍼센트에 달하는 높은 수익률을 달성했으나 실제 수익금은 300여만 원에 불과했다.

앞서 설명했듯 민준 씨의 투자 일지에는 매우 훌륭한 점수를 매길 수 있다. 세계적인 헤지펀드에서 10년 이상 일해온 뉴욕주민의 평균 수익률이 16퍼센트 수준이니, 단순히 비교하면 2배가량 높은 성과를 거둔 것이다. 물론 10년 이상 수많은 투자를 진행해온 뉴욕주민과 이제 겨우 1년 동안 몇 번의 투자를 통해 거둔 민준 씨의 결과를 같은 선상에 놓고 비교할 수는 없다.

이에 뉴욕주민은 '투자의 위험성'을 간과하지 말라고 조언했다. 어쩌다 한 번 높은 수익률을 거둘 수는 있지만 그 같은 수익률을 몇 년, 아니 몇십 년 동안 이어가기란 불가능에 가깝다. 세계적인 투자자인 워런 버핏의 연평균 수익률이 20%라는 점은 시사하는 바가 크다.

Q **뉴욕주민** 투자는 마라톤이다

박민준 씨를 비롯해 최근 만난 20~30대 청년 투자자들은 자신의 포트폴리오에 큰 자부심을 갖고 있는 경우가 많았습니다. "몇년 전에 매입한 부동산이 2억~3억 원 올랐다"라고 말하거나 "대기업 주식을 샀는데 20~30퍼센트 이상 수익을 거뒀다"고 하는 등 실제로 성과를 거둔 사례를 흔히 만날 수 있었습니다. 물론 훌륭한 성과이지만 자신의 선택에 너무 도취되는 건 경계할 필요가 있습니다. 제가 가장 많이 받는 질문은 바로 "그동안 수익률이 얼마나 되냐?"입니다. 제가 16퍼센트라고 대답하면 사람들은 실망과 얄잡음의 시선을 던집니다. 불과 1~2년 동안의 투자 성과를 근거로 본인들이라면 이보다 더 높은 수익률을 낼 수 있었을 거라는 자신감의 발로일 겁니다. 하지만 투자에 대한 평가는 매년, 그리고 수십 년 동안 지속된다는 사실을 기억해야 합니다. 워런 버핏도 짐 로저스도 꽤 높은 비율로 손실을 기록했습니다. 투자라는 승부에서는 어느 누구도 100퍼센트의 승률을 기록할 수 없습니다. 최근 시장의 좋은 흐름에 올라타 거둔 수익이 온전히 자신의 실력 덕분이라는 자만심을 가진다면 자칫 큰 손실을 볼 수도 있습니다.

최근 3~4년 동안 부동산과 주식시장은 유례없는 호황을 보였다. 일부 과감한 선택을 내린 이들은 이 기간 동안 큰 수익을 거둘 수 있었다. 민준 씨 또한 이런 이들 중 한 명이다.

하지만 투자는 결코 100미터 단거리 경주가 아니다. 오히려 마라톤보다 더 긴, 평생에 걸쳐 이어가야 할 또 다른 동반자가 바로 투자라는 존재다. 시장의 호황에 힘입어 최근 몇 년 사이에 높은 수익을 올렸더라도 이러한 성과를 계속 이어가는 것은 오롯이 자신의 노력에 달려 있다.

Q **뉴욕주민** 투자 공부는 평생 공부

지금까지 큰 수익을 거둔 방식이라 할지라도 앞으로의 성공까지 보장해주는 것은 아닙니다. 예를 들어, 정부의 규제나 공급 물량 증가로 인해 부동산 가격이 내려가거나, 경제 불황 탓에 굴지의 대기업이라 할지라도 주가가 폭락할 수도 있습니다. 때문에 시장의 흐름을 정확하게 분석하고 상황에 맞는 투자 방식을 끊임없이 개발하고 개선해 나갈 필요가 있습니다.

투자지능을 높이기 위한 공부에는 끝이 없습니다. 10년, 20년 뒤에 각광받을 새로운 분야를 지금 당장 예상할 수 있습니까? 불과 10년 전만 하더라도 전기자동차는 먼 나라 이야기로 여겨졌습니다. 하지만 지금은 세계 1위 부자 자리를 바로 그 전기자동차 회사 CEO가 차지했죠. 시장의 변화를 누구보다 빨리 예측한 몇몇 사람들 또한 인생의 긍정적인 반전을 일궈냈고요. 성공적인 투자 일지를 이어가기 위해서는 현재에 안주하지 말고 새로운 분야에 대한 공부를 지속함으로써 투자지능을 높이려는 노력이 수반돼야만 합니다.

수년 전, 많은 전문가들이 코로나19 팬데믹으로 인해 세계 경제가 불황에 빠질 거라고 예상했지만 이는 보기 좋게 빗나가버렸다. 봉쇄와 제약으로 인해 갈 곳을 잃은 돈과 경제를 살리기 위해 단행한 제로 금리는 예측할 수 없는 유동성으로 연결됐고, 부동산과 주식, 암호화폐, 메타버스, 미술품 등 종목을 가리지 않고 모든 투자 시장이 호황을 맞이했다. 수익률에 다소 차이는 있을지언정 그 기간 어떤 종목이든 투자한 사람들은 거의 예외 없이 큰돈을 벌게 된 배경이다. 물론 어느 정도 '운'에 따른 성과라 하더라도 성공적인 투자를 했다는 사실에는 변함이 없다. 하지만 그런 성과를 근거로 자신을 과대평가하는 우를 범해서는 안 된다. 10년 혹은 그 이상의 긴 기간 동안 꾸준히 수익을 낸다면 비로소 자신을 투자 전문가라고 평가해도 늦지 않다.

호황을 맞이한 투자 시장과 함께 수직 상승한 분야가 있다. 바로 '컨설팅'이다. 유튜브와 각종 SNS 및 커뮤니티 등을 통해 자신들의 성공담을 근거로 '성공한 투자자'임을 내세워 돈을 버는 자칭 투자 전문가들의 숫자가 최근 수년 사이 기하급수적으로 증가한 것이다. 적게는 수십만 원에서 많게는 수백만 원에 이르기까지 많은 강의료를 받는 데 비해 제공하는 콘텐츠와 컨설팅 내용은 허술하기 그지없다. 실제로 최근에는 '대구 주식 투자 여신'으로 알려진 한 인플루언서가 사실은 포토샵을 이용해 조작한 계좌를 미끼로 수강생들에게 강의료와 투자비를 받아 구속되는 일이 벌어지기도 했다.

'대한민국에서 가장 성공한 주식 전문가'로 방송에 자주 출연하는 모 투자 기업 대표는 수많은 요청에도 불구하고 자신의 증권 계좌를 공개하지 않는다. 그는 대다수 국민의 평생 목표인 내 집 마련을 비웃으며 "부동산에 투자하는 사람은 바보"라는 망언으로 주식 투자를 종용하기도 했다. 투자 경험이 적고 공부가 부족한 사람들은 방송의 공신력을 믿고 그의 말에 따라 주식에 투자했지만, 좋은 성과로 이어지는 사례는 극히 드물었다. 결국 자신의 판단에 따른 선택이지만, 만약 충분한 공부를 통해 투자지능을 쌓았더라면 근거 없는 타인의 유언비어에 휘둘리지 않았을 것이란 아쉬운 마음을 가져본다.

돈의 주체성을 되찾자

호의를 베풀면 권리인 줄 안다

고대 그리스의 철학자 아리스토텔레스는 인간을 가리켜 '사회적 동물'이라고 표현했다. 사회적 동물이라는 말은 '인간은 개인으로 존재하지만 홀로 살 수 없으며, 사회를 형성해 끊임없이 다른 사람과 상호작용을 하면서 관계를 유지하고 함께 어울림으로써 자신의 가치를 확인하는 존재'라는 의미를 담고 있다. 타인과 유연한 관계를 형성하기 위해서는 기본적으로 상호 배려적 태도를 장착해야 한다. 때문에 우리는 어린 시절부터 예의와 배려에 관련된 여러 가지 교육을 받으며 성장한다.

　우리나라는 동방예의지국이라고 불릴 정도로 전통적으로 예의범절에 까다로운 편이었다. 하지만 최근에는 '호의가 계속되면 권리인 줄 안다'라는 말에 더 많은 공감대가 형성되고 있는 것이 사실이다. 다소 개인적인 생각이지만, 과거와 달리 최근 들어 지극히 자신의 이익만을 우선시하며 타인의 배려를 당연시하는 성향을 가진 '무례한 인간'들이 점차 늘어나고 있음을 실감한다.

가족이라는 이름의 덫

올해 칠순을 맞이한 최정임 씨(박민준 씨의 어머니)는 바로 이러한 '현대판 호구'의 대표 주자다. 정임 씨는 평생 근면성실하게 일해왔다. 결혼한 후에는 남편과 함께 중국요리 전문점과 노래방 등을 운영해 가정을 유지했고, 사업이 어려워진 다음에도 다양한 업종에서 꾸준히 일해왔다. 고희를 바라보는 현재도 요양보호사로 주 7일 일하고 있다.

박민준

이랬을 때 엄마 혼자서 저랑 누나를 키우셨거든요

박민준

젊었을 때 몸 쓰는 일을 하도 많이 하셔서

박민준

사실 걱정이 많이 되죠

Q 최정임

흔히 '하루 벌어 하루 먹고 산다'고 하잖아요. 제가 일당제로 일하는 건 아니지만, 그와 크게 다르지 않은 삶을 살고 있습니다. 지금 요양보호사로 일하면서 매달 받는 돈이 150만 원 정도 됩니다. 제 한 몸 건사하기에는 크게 무리 없는 액수일 것 같지만, 현실은 그렇지 못합니다. 여기저기 나가는 돈이 제법 되거든요.

아들은 저한테 더 늦기 전에 투자해볼 것을 권하지만, 제가 그런 쪽으로는 전혀 지식이나 경험이 없어서 망설이게 되네요. 물론 투자할 정도로 넉넉한 벌이가 아닌 것도 한 가지 이유입니다.

사실 정임 씨의 가장 큰 문제는 급여 액수가 아니다. 일반적으로 이미 일을 그만두기에 충분한 연배임에도 불구하고 계속 일해야만 하는 이유는 자신의 노후 준비조차 제대로 하지 못할 정도로 오랜 시간 타인에게 속칭 '호구'를 잡혀왔기 때문이다. 무엇보다 서글픈 사실은 정임 씨의 돈이 줄줄 새어나가게 한 원흉이 다름 아닌 가족이라는 데 있다. 가족 중 한 사람이 벌써 수십 년 넘는 세월 동안 정임 씨의 삶을 강탈해 자신의 일상을 유지하고 있다.

쉽게 말하면 일할 직장도, 일할 의지도 없는 가족 구성원이 정임 씨가 어렵게 번 돈으로 생활을 이어가고 있는 것이다. 물론 가족간의 일을 제3자가 왈가왈부할 수는 없는 노릇이다. 하지만 분명한 건, 정임 씨의 현재 상황이 결코 정상적이지 않다는 사실이다. 자신이 직접 일해서 돈을 벌 생각은 해보지 않고 그저 가족이라는 이름을 앞세워 다른 이의 삶을 좀먹고 있음에도 불구하고 정임 씨는 마치 어떠한 원죄라도 지고 있는 듯 자신이 번 돈을 마냥 빼앗기고 있다. 밑 빠진 독에 물을 붓고 있는 정임 씨는 일흔의 나이를 헤아리는 것은 물론 암 수술과 그 후유증으로 인한 오른손의 장애 등 여러 어려움을 겪고 있다. 이렇듯 최악의 상황에도 정임 씨는 스스로 '호구'를 자처하고 있다.

민준 씨는 어머니의 이런 상황이 너무나 못마땅하고 화가 난다. 대체 왜 평생 고생하며 살아온 어머니가 일흔이라는 나이에도 다른 사람의 삶을 책임져야 하는지 도통 이해가 가지 않는다.

누구라고 특정해서 말하고 싶지는 않습니다. 다만 가족 중 한 명으로 인해 다른 가족들이 그동안 정말 많은 어려움을 겪어왔습니다. 심지어 지금까지도 여전히 제 명의의 신용카드를 사용하고 있습니다. 매달 날아오는 카드 명세서를 보면 솔직히 화가 납니다. 솔직히 줄줄 새는 돈이 아깝기도 하고 속상하기도 하지만 어쩔 수 없다고 생각하는 것도 사실입니다. 제가 당장 돈을 끊어버리면 기본적인 의식주조차 해결하지 못할 정도의 열악한 상황이거든요.

박민준

어머니가 불편한 몸을 이끌고 일주일 내내 다른 사람의 병수발을 들면서 버는 돈은 채 200만 원이 되지 않습니다. 정작 어머니 자신도 다른 사람의 도움이 필요할 정도로 건강이 좋지 않은 상황인데 아직까지 일하시는 것을 보면 마음이 좋지 않습니다. 게다가 그렇게 어렵게 번 돈을 손에 쥐어보지도 못하고 다른 사람에게 마냥 퍼준다는 사실에 너무 화가 납니다. 어머니께 수없이 제발 그러지 말라고 사정도 해봤는데, 씨알도 먹히지 않더군요. '가족인데 어쩔 수 없다'라는 말만 반복하실 뿐입니다. 가족이라는 이유로 타인의 삶을 저당 잡아서 자기 자신만 호의호식하는 것을 과연 어떻게 이해해야 할까요? 왜 저희 어머니만 평생 이런 고통을 겪어야 하는지 모르겠습니다.

가족간의 일을 타인이 세세히 알 수는 없지만, 한 가지 분명한 사실은 정임 씨가 불합리한 대우를 받고 있다는 것이다. 만약 정임 씨의 돈을 사용하는 가족 구성원이 정말 그녀를 가족으로 생각한다면 힘들여 노동하는 정임 씨를 보며 결코 그토록 오랜 세월 동안 수백만 원이 넘는 금액을 거리낌 없이 사용할 수 없었을 것이다.

일할 의지 없는 니트족, 부모 품 속 캥거루족, 노인 빈곤을 심화시킨다

정임 씨가 노후 준비조차 전혀 하지 못하고 지금까지 넉넉하지 못한 삶을 살아온 이유는 대부분 그 가족 구성원에게 있다. 정임 씨는 과거 가족 구성원의 권유에 못 이겨 다양한 사업에 투자했다. 여기저기서 돈을 긁어모아 이런저런 장사를 해보는가 하면 다단계 영업에 빠졌던 적도 있다. 심지어 주택가에 절을 차리고 사람들에게 시주를 받자는 극히 현실성이 떨어지는 얘기까지 실행에 옮기기도 했다.

물론 그 모든 사업에 들어간 돈은 정임 씨가 홀로 감당해야 했다. 애초에 돈 한 푼 없는 이가 정임 씨를 꼬여 시작한 일이니, 결국 이를 책임져야 할 사람은 정임 씨밖에 없는 게 당연했다. 사업이라는 허울 좋은 명목을 내세웠지만, 실상은 빛 좋은 개살구만도 못한 내용이었으니 수익을 내기는커녕 시작조차 제대로 될 리 없었다.

결국 정임 씨는 자신이 한 푼 두 푼 모아서 저축해놓은 돈을 만져보지도 못한 채 허공에 날려버리고야 말았다. 누구보다 가까워야 할 가족이라는 관계가 오히려 서로를 상처 주고 아프게 하는 최악의 적으로 뒤바뀐 순간이다.

이쯤 되면 부처라도 돌아누울 만하지만, 정임 씨는 지금까지도 그 가족의 생계를 책임지고 있다. 한 달에 150여만 원에 불과한 정임 씨의 수입 중 정작 본인이 사용하는 금액은 수십만 원에 지나지 않는다. 그런데도 그 가족은 정임 씨의 명의로 된 신용카드를 가지고 다니며 매달 최소 100만 원 이상, 심할 때는 200만~300만 원에 달하는 금액을 아무런 거리낌 없이 사용하고 있다. 물론 그렇게 해서 늘어나는 카드빚을 감당하는 것은 오롯이 정임 씨의 몫이다.

민준 씨와 갈등을 빚는 유일한 지점이 바로 이 부분이다. 민준 씨는 몸마저 불편한 어머니가 연로한 나이에도 고된 일을 해야 하는 상황이 못마땅하다. 노후 준비는 고사하고 매달 수입보다 지출이 많은 탓에 여기저기 아쉬운 소리를 하며 돈을 빌려 이를 메꾸고 있으니, 아들의 마음이 편할 리 없다. 답답한 상황에 때때로 독한 소리를 내뱉기도 하지만, 지금도 상황은 바뀔 낌새가 전혀 보이지 않는다. 민준 씨는 이런 상황이 너무 답답하고 숨이 막힌다.

〈tvN-투자지능〉의 메인MC를 맡은 방송인 김구라 씨는 앞길이 보이지 않는 정임 씨의 암담한 상황에 안타까움을 금치 못하며 자신의 경험을 토대로 한 따끔한 조언을 건넸다.

🔍 **김구라** 가족, 때론 단호함이 필요하다

아시다시피 저도 금전적인 일로 크게 어려움을 겪어본 경험이 있습니다. 방송을 하다 보니 많은 사람을 만나게 되는데요, 그러다 보니 제게 돈을 좀 빌려달라는 사람도 꽤 됩니다. 예전에 몇몇 지인에게 돈을 빌려줬는데, '사람이 화장실 들어갈 때와 나올 때가 다르다'는 말처럼 돈을 빌려준 후에 안면몰수하는 사람이 꽤 많더라고요. "아내가 돈을 관리해서 지금 당장 큰돈을 갚기는 어렵다", "건물을 사느라 거기에 현금이 다 들어가 있다"는 등 자기가 쓸 돈은 다 쓰면서도 제 빚을 상환할 돈은 없다고 하더라고요. 돌이켜 생각해보면 왜 어른들이 돈거래 하지 말라고 신신당부했는지 이제야 알 것 같습니다.

지금 최정임 씨도 "가족인데 어떻게 매몰차게 돈을 끊느냐"고 하시는데, 그게 정말 가족을 위한 행동인지는 잘 모르겠습니다. 오히려 그분이 스스로 일할 의지를 잃게 하는 것은 아닌가 하는 생각이 듭니다. 가족을 위하는 마음은 충분히 이해합니다만, 지금 당장 정임 씨가 일할 수 없는 상황이 되면 그 후의 일은 오롯이 아들인 민준 씨가 감당해야 한다는 걸 염두에 두셔야 합니다.

가족이라는 이름으로 모든 게 정당화되는 것은 아니다. 가족이라고 해서 다른 가족 구성원이 번 돈을 거저 사용할 권리는 존재하지 않는다. 하지만 의외로 많은 사람이 가족이라는 관계를 내세워 서슴지 않고 타인의 삶을 좀먹는 행동을 한다. 정임 씨에게 지금 가장 시급한 것은 스스로의 노력과 땀을 기반으로 번 돈에 대한 권리를 되찾아 그동안 손가락 사이로 새던 불필요한 지출을 막는 일이다. 돈의 주체성을 온전히 되찾아 차곡차곡 종잣돈을 마련해 투자에 나선다면, 다소 늦은 출발이지만 충분히 만회할 수 있을 것이다.

노후 준비도 삶을 위한 투자다

정임 씨가 마음을 단단히 먹고 가족에 대한 지원을 끊는다고 하더라도 문제가 완전히 해결되는 것은 아니다. 정임 씨는 현재 자신의 노후 준비를 전혀 해놓지 못한 상황이다. 각종 연금으로 들어오는 돈은 수십만 원 수준으로 자칫 큰 병을 앓기라도 하면 그 치료비조차 감당할 수 없는 상황이다.

정임 씨는 그동안 자신이 번 돈이 얼마나 되는지, 또 어딘가에 어느 정도 금액이 지출되고 있는지 정확하게 파악하지 않고 살아왔다. 요양보호사로 일하는 것 외에도 종종 비정규적으로 부업을 해서 부정기적인 수입이 들어오는 데다, 가족의 신용카드 사용대금 결제와 여러 건의 빚 상환이 어지럽게 얽혀 있는 까닭에 수입과 지출 내역을 정리하기 힘들었다. 그저 문자로 통보되는 잔고의 현황 정도만 파악하고 있는 수준이다. 뉴욕 주민은 정임 씨의 이러한 흐지부지한 성향을 지적하며 돈에 대한 주체성을 찾아야 한다고 강조했다.

🔍 뉴욕주민 돈의 주인이 되라

지금까지 최정임 씨의 자금 흐름을 보면, 돈을 번 건 최정임 씨인데 정작 돈의 주인은 엉뚱한 사람인 것 같습니다. 자신의 시간과 노력을 기울여 벌어들인 수입인데, 그에 대한 권리는 전혀 행사하지 못하고 있는 거죠. 최정임 씨는 다른 무엇보다 돈의 주체성을 되찾는 데 주력해야 할 것 같습니다. 그동안 가족이 쓴 신용카드 사용대금이 100만 원이든 200만 원이든 나오는 대로 결제해줬는데 이것부터 고쳐야 합니다. 예를 들어 한 달에 사용할 수 있는 카드 대금을 50만 원 정도로 제한해보는 건 어떨까요? 무엇보다 최정임 씨는 스스로 운용할 수 있는 자금이 매달 어느 정도인지 정확하게 파악해야 합니다. 지금처럼 10만 원이 부족하면 옆집에서 빌려서 메꾸고, 20만 원이 남으면 그냥 통장에 넣어놓는 식의 주먹구구적인 경제 관념은 털어버려야 합니다. 흐지부지한 성격을 고치고, 통장 잔고를 1원 단위까지 정확하게 파악해야 합니다. 지금처럼 물에 물 탄 듯, 술에 술 탄 듯한 경제 습관은 앞으로의 삶에 어떠한 도움도 되지 않습니다.

국내 4대 일간지 중 하나에 연재됐던 〈세이노의 부자 아빠 만들기〉에는 "경제는 냉혈동물이며 그 피는 돈이다"라는 내용이 나온다. 그만큼 돈은 현대 사회에서 매우 중요한 가치를 차지하고 있다. 미국의 한 백만장자는 자신의 자손에게 "돈은 만능이 아니지만, 우리 삶의 문제 중 대부분을 해결해준다"라는 유언을 남겼다고 한다. 그의 말마따나 돈이 이 세상 최고의 가치를 갖는다고 할 수는 없다. 하지만 금융자본주의 시대를 살아가는 우리에게 있어 돈은 최소한의 인간적인 삶을 유지하게 해주는 연료나 마찬가지다.

정임 씨의 문제는 인간답게 살 수 있는 최소한이자 가장 기본적인 안전 장치인 돈을 너무 가볍게 생각하는 경향이 있다는 것이다. '나는 아직 돈을 벌 수 있으니까', '가족인데 어떻게 나까지 외면할 수 있느냐', '나중에 어떻게든 될 거야' 등 스스로를 불행에 빠뜨리는 자기 합리화를 반복하면서 현재에 이르렀다.

의학 기술이 눈부시게 발전하면서 평균 수명이 길어짐에 따라 '인생은 환갑부터'라는 말이 현실이 된 지 오래다. 과거에는 환갑을 맞이할 즈음이면 정년퇴직을 하고 그동안 모아놓은 노후자금을 조금씩 꺼내 쓰면서 손자, 손녀의 재롱을 보며 시간을 보내는 게 일반적이었다. 하지만 최근에는 정년을 맞이하기 전 퇴직하는 경우가 매우 흔해진 것은 물론 평균 수명마저 크게 늘어남에 따라 70~80대까지 일하는 경향이 짙어지고 있다. 정임 씨가 아직까지 일하는 것 역시 최근의 흐름에 비춰보면 그리 특별한 상황은 아니지만, 문제는 이미 노년을 맞이했음에도 불구하고 노후준비가 전혀 돼 있지 않다는 데 있다.

🔍 뉴욕주민 노후 준비는 또 다른 투자

최정임 씨의 현재 나이와 건강 상태 등을 고려해봤을 때, 앞으로 는 수입이 점점 더 줄어들 가능성이 큽니다. 그런데도 노후 준비 가 전혀 돼 있지 않은 상태입니다. 상황이 이런데도 매달 버는 돈 으로 눈앞의 문제를 해결하기에 급급한 라이프 사이클을 반복하 고 있지요. 자신의 노후에 대한 문제임에도 불구하고 '어쩔 수 없 다'는 말만 되풀이하면서 번 돈 이상의 금액을 지출하고 있습니 다. 최정임 씨의 마음가짐과 결정에 따라 얼마든지 해결할 수 있 는 문제를 차일피일 미루고 있는 것이지요. 지금 최정임 씨의 행 동은 도끼로 자신의 발등을 찍는 것과 다름없습니다. 사실 내일 당장 최정임 씨가 일할 수 없게 된다고 해도 놀라지 않을 것 같습 니다. 그만큼 돈을 벌 수 있는, 나아가 노후를 준비할 시간이 촉박 하다는 의미입니다. 자신의 삶을 어느 누구에게도 책임져달라고 할 순 없습니다. 스스로 노후를 준비하는 것 또한 또 다른 이름의 투자라는 사실을 기억해야 합니다.

Q 최정임

저희 세대는 그저 열심히 일하는 게 최고의 미덕이라고 믿고 살아왔습니다. 그렇게 번 돈을 가족 모두의 행복을 위해 사용하는 걸 당연하게 생각했지요. 주어진 현실에 허덕이느라 평생토록 투자는 생각해본 적도 없지만, 지금이라도 아들과 함께 공부하고 조금씩 실행에 옮기도록 노력할 계획입니다. 그동안 하루하루 삶을 버텨 나가기 위해 억지춘향격으로 일했다면, 이제는 저 자신의 노후를 대비하기 위해 돈을 벌어볼까 합니다.

앞으로 나이를 먹어갈수록 제 건강은 점점 더 나빠지겠죠. 일하는 게 지금보다 훨씬 힘들어질 게 분명합니다. 누구보다 가장 사랑해야 하는 나 자신을 오랫동안 외면했던 대가를 치를 준비를 해야겠죠. 앞으로는 저를 조금 더 아끼고 사랑하는 인생을 만들어가겠습니다.

전문가와 대화하고 컨설팅을 받은 정임 씨는 지금까지 가족에게 지원해
오던 비용을 순차적으로 줄여 나가기로 했다. 또한 수입의 일부를 노후
자금으로 저축하는 동시에 민준 씨에게 맡겨 장기적인 투자를 병행하기
로 했다. 70년 동안 타인을 위해 살아온 정임 씨가 마침내 자기 자신을 위
한 첫 투자를 결정한 것이다.

우리나라에서 손꼽히는 방송인 중 하나인 코미디언 이영자 씨는 〈전지적 참견 시점〉이라는 프로그램에서 자신의 노후 대비로 실버타운에 입주할 계획을 세우고 있다고 이야기했다. 하지만 해당 방송에서 소개된 실버타운은 수억 원에 달하는 보증금과 매달 수백만 원의 비용이 필요한 '럭셔리 노후'의 대표적인 사례이기에 대중적인 공감대는 퍽 떨어질 수밖에 없다.

소위 '100세 시대'가 모두에게 환영받는 것은 아니다. 넉넉한 자산에 힘입어 여유 넘치는 풍요로운 노후를 보낼 수 있는 이들은 미래에 대해 불안감을 갖고 있지 않을 것이다. 하지만 정임 씨처럼 노후에 대한 대비가 부족한 사람들은 세월의 흐름이 야속할 수밖에 없다. 부동산과 주식, 암호화폐같이 특정 종목을 매입하는 것만이 투자는 아니다. 저축과 여타 투자를 통한 자산 증식을 병행함으로써 자기 자신의 노후를 준비하려는 노력 역시 당당한 투자의 일환이다.

다시 한 번 강조하지만, 사치를 위해 투자를 선택하는 사람은 찾아보기 어렵다. 투자는 자신의 더 나은 미래를 그리기 위한 또 다른 경제 활동에 다름 아니다. 금융자본주의 시대를 살아가는 우리가 풍요로운 내일을 꿈꿀 수 있는 최선의 선택지가 바로 투자로 귀결될 수밖에 없음을 인정해야 한다.

다들 그렇게 살아간다

투자지능을 살찌워 금융자본주의 시대의 당당한 주인공으로 거듭나자

금융자본주의 시대를 맞이한 지금, 투자는 우리 삶을 한 단계 높은 곳으로 이끌어줄 유일한 방법이라 해도 과언이 아니다. 〈tvN-투자지능〉에 출연한 부부와 모녀, 모자 등도 각자의 방식으로 투자를 통한 삶의 업그레이드를 꿈꾸고 있었다. 개개인의 상황은 모두 다르지만 방송에 출연한 이들에게 어느 정도 공감되는 부분이 있을 것이다.

주식, 부동산, 암호화폐 등 투자 대상이 무엇이든 보다 나은 미래를 꿈꾸며 거의 모든 사람이 투자 대열에 뛰어들고 있다. 그중 어떤 이는 무모한 투자에 나섰다가 큰 손실을 본 까닭에 우울한 나날을 보내고 있을지도 모른다. 연이은 실패로 투자 자체를 두려워하게 된 경우도 있을 것이다. 성공적인 투자를 이어가며 높은 수익률을 올렸음에도 불구하고 종잣돈이 적어서 그리 큰 금액을 손에 쥐지 못해 답답한 마음을 갖고 있을 수도 있다. 각자의 투자 성향과 결과는 상이하지만, 이 모든 사람이 투자하는 목적은 결국 높은 수익을 올리는 것으로 귀결된다. 전문가의 컨설팅을 통해 증명됐듯, 출연자들 역시 나름의 이유와 방식으로 투자에 임했다. 하지만 이들이 쓰라린 실패를 겪어야 했던 것은 가장 중요한 요소인 '투자지능'을 외면한 채 '반쪽 투자'를 이어왔기 때문이다.

투자지능은 매우 포괄적이고 상대적인 개념이다. 부동산 투자에 관심이 있다면 이와 관련된 공부에 집중해야 한다. 반대로 주식 투자에 승부를 걸고 싶다면 전혀 다른 커리큘럼을 짜야만 한다. 공부에 왕도가 없듯, 자신에게 최적화된 투자지능 육성 방법을 찾아가는 길은 스스로의 의지와 노력으로 개척해 나가야만 한다. 투자에는 정답이 없는 법이다.

Q 뉴욕주민 투자는 매일매일의 과제

투자지능은 단순히 IQ(지능지수)의 연장선상에 놓인 개념이 아닙니다. 투자지능이라는 단어에는 자신이 투자하려는 분야에 대한 기본적인 지식을 쌓는 것을 비롯해 성공과 실패를 아우르는 풍부한 경험, 시시각각 달라지는 시장의 변화를 누구보다 빨리 감지하고 이에 맞는 투자 방식을 찾아 나가는 감각과 분석 능력 등이 모두 포함돼 있습니다. 수능시험처럼 특정 과목이나 교과서가 정해져 있는 분야가 아니라는 의미입니다.

그동안 수백, 수천 건의 투자를 담당해온 저는 수십 년 동안 늘 그렇게 해왔듯이 전 세계에서 쏟아지는 경제 관련 뉴스를 탐독하는 것으로 하루를 시작합니다. 워런 버핏이나 짐 로저스도 70∼80세의 나이에 잠을 줄이면서까지 새로운 투자처를 발굴하기 위한 공부를 게을리하지 않습니다. 이미 수십 년 동안 세계적인 투자가로 인정받아온 거물들조차 여전히 투자지능을 키우려는 노력을 매일같이 이어가고 있는데, 정작 가장 공부가 필요한 투자 초보자들은 이를 건너뛰는 경우를 흔히 볼 수 있습니다. 안타까운 현실이지요.

물론 투자지능을 쌓는 노력을 기울이고 있다고 해서 무조건적인 수익을 보장할 수 있는 것은 아닙니다. 하지만 실패를 방어할 수 있는 가장 확실한 방패가 바로 탄탄하게 쌓인 투자지능이라는 것은 분명한 사실입니다. 투자에 성공하기 위해서가 아니라 맹목적인 투자의 실패에서 비롯되는 비극을 막기 위해서라도 투자지능을 살찌우려는 노력과 과정은 반드시 필요합니다.

평생 다른 사람들의 평가를 중요시하는 우리나라 사람들은 눈에 보이지 않는 것의 가치를 무시하는 경향이 있다. 수치화할 수 없는 투자지능이라는 가치가 금융자본주의 시대의 한복판에 돌입한 지금까지 크게 주목받지 못한 이유는 바로 여기에 있다. 만약 투자지능을 수능 성적처럼 명시적으로 평가할 수 있다면, 우리나라가 세계 수위를 다툴 만큼 높은 학구열로 이어졌을 확률이 100퍼센트라고 생각한다.

투자는 곧 경제와 맞닿아 있다. 예를 들어, 전기자동차가 각광받는 현재의 흐름을 보면 배터리 분야가 크게 성장할 가능성이 높다. 실제로 배터리를 전문으로 하는 기업의 주가는 큰 폭의 상승세를 기록하고 있다. 이런 상황에서 남들보다 한 발 앞서 전기자동차와 배터리 산업의 가능성을 확인하고 해당 분야에 투자했다면 큰 수익을 거둘 수 있었을 것이다.

Q 짐 로저스 투자에 왕도는 없다

매입과 매도를 통한 차익으로 수익을 발생시키는 투자는 그 대상이 무엇이든 간에 결국에는 얼마나 저렴한 가격대에 구입해서 얼마나 높은 금액에 판매하느냐가 관건입니다. 저평가된 주식을 선점한 후 주가가 크게 오른 다음 판매하는 게 최선의 투자라는 건 어린아이도 아는 상식입니다. 중요한 것은 과연 특정 주식의 현재 가격에 대한 적정선을 판단할 수 있는 지식과 분석 능력을 갖추고 있느냐입니다.

A라는 기업을 평가할 때, B와 C의 판단은 각기 다를 수 있습니다. A 기업의 가능성이 높다고 여긴 B는 주식을 매입할 확률이 높고, A 기업의 가치를 낮게 평가한 C는 돈을 투자하지 않겠죠. 누가 옳은 판단을 했는지는 수익이 증명해줄 겁니다. 성공적인 투자로 이어지는 핵심 요소는 단순히 지식을 습득하는 게 아니라 자신이 관심을 갖고 있는 분야에 대한 끊임없는 공부와 경험이라는 걸 반드시 기억해야 합니다.

흔히 경제를 가리켜 '살아있는 생물'이라고 표현한다. 작은 나비의 날갯짓이 지구 반대편에 엄청난 태풍을 일으킬 수 있다는 나비 효과처럼 경제도 우리가 가볍게 생각하고 지나가는 많은 일들에 큰 영향을 받는다. 경제 전문가들이 끝없이 시장과 기업을 분석하는 것은 미래를 정확히 예측해내기 위한 노력에 다름 아니다. 정보나 지식 면에서 전문가들에 비해 뒤떨어질 수밖에 없는 일반 투자자라면 경제 흐름과 맥락을 같이하는 투자를 하기 위해 수시로 변화하는 시장의 상황을 실시간으로 분석하고 이에 맞는 판단을 내릴 수 있는 지식과 경험을 갖추도록 더욱 부단히 노력해야 한다.

투자 공부에는 끝이 존재하지 않는다. 바로 일주일 전에 공부한 내용이 오늘의 시장 상황에는 전혀 적용되지 않는 지나간 얘기에 불과해지는 경우가 흔하다. 꾸준한 절차탁마로 투자지능을 키워 나감으로써 성공적인 투자를 이끌어낼 수 있다면 금융자본주의 시대의 새로운 주인공으로 거듭나게 될 것이다.

다들 그렇게 살아간다

개그맨 이수근은 〈무엇이든 물어보살〉이라는 프로그램을 통해 "젊었을 때 숙이고 살아야 나이 먹은 뒤 허리 펴고 산다"는 말을 남겼다. 가볍게 즐기는 것이 주목적인 예능 프로에서 나온 말이지만, 그 속에는 우리가 살아가면서 반드시 명심해야 할 이치가 담겨 있다고 평가해도 무방할 정도로 특별한 조언이다.

근로소득만으로 가정을 꾸리고 내 집을 마련하는 건 수십 년 전에나 가능했던 일이다. 집값이 연일 역대 최대치를 경신하고 있는 최근 수년간의 흐름은 청년들에게 지옥이나 마찬가지다. 하염없이 오르는 부동산 가격은 청년들에게 차라리 저주나 다름없다. 좁아진 취업문은 청년들의 목을 한층 옥죄인다. 주택 소유 여부로 계급이 나뉘는 시대에 무주택자들이 느낄 좌절과 박탈감은 쉬이 상상조차 되지 않는다.

종종 이제 갓 입사한, 혹은 3~4년차 직장인들을 만나면 하나같이 현 상황에 대한 한탄을 늘어놓는다. 서울 아파트 평균 매매가가 10억 원을 훌쩍 넘은 지 오래인 시대다. 근로소득만으로는 도저히 이를 마련할 수 없는 현실에 수많은 국민이 좌절감을 느끼는 것은 어찌 보면 당연한 일이다. 과거에는 입사하는 것만으로도 동네에 플래카드가 걸렸을 대기업에 다닌다고 해도 예외는 아니다. 직장인 중에는 소위 '상위 1퍼센트'에 해당하는 높은 연봉을 받더라도 근로소득만으로 삶의 모든 문제를 해결할 수 없는 것은 크게 다르지 않기 때문이다. 그보다 연봉이 낮은 직장인이나 코로나19 팬데믹 탓에 어려움을 겪는 자영업자들의 상황은 더욱 열악하다. 투자할 여유 자금은커녕 현재의 일상을 유지하기 위한 자금도 턱없이 부족할 따름이다.

모든 사람의 최종 목표가 '내 집 마련'은 아닐 것이다. 다만 20~30대는 물론 모든 세대의 무주택자를 대상으로 앞으로의 목표가 무엇인지 물어보면 100명 중 99명 이상은 "내 집 마련"이라고 답한다. 그만큼 집은 우리 삶에 있어 가장 중요하고 또 기본적인 요소다. 거주의 안정성을 확보하는 것만으로도 우리 삶의 질이 한 단계, 아니 수십 단계 이상 높아진다는 것에는 이견의 여지가 없을 것이다.

이미 집을 마련하는데 성공했다고 해서 삶의 최종 목표가 달성된 것은 아니다. 인간은 누구나 현재보다 나은 미래를 만들고자 하는 욕망을 갖고 있다. 서울 한복판에 위치한 10억 원대 신축 아파트에 살고 있더라도 좀 더 좋은 위치에 자리한 좀 더 넓은 아파트나 강남의 20억~30억짜리 집 으로 이사 가는 꿈을 꾸는 게 인간의 본질이다.

전 청와대 정책실장을 역임한 한 인물은 "모두가 강남에 살 필요는 없 다"는 말로 국민들의 상처에 소금을 뿌렸다. 정작 해당 발언을 한 인물은 '강남 4구'에서도 손꼽히는 고가의 아파트에 거주하는 이중적인 면모를 보였다. "직보다 집을 선택했다"는 비아냥을 받던 모 인물도 청와대 주요 요직에서 근무한 경력을 갖고 있다. 그 역시 강남 4구에 두 채의 고가 아 파트를 보유하고 있었는데, 이를 매도하는 대신 자신의 재산을 지키는 길 을 택한 것이다. 유주택자라고 해서 혹은 현재의 자산 규모가 크다고 해 서 돈을 더 벌고 싶다는 욕구가 사라지는 건 아니라는 증거다.

바라볼 수조차 없이 아찔하게 오른 부동산 시세에 좌절한 청년 중 일부 는 미래를 대비하기보다는 현재의 행복을 추구하는 이른바 '욜로YOLO'를 선택하기도 한다. 영하 10도를 넘나드는 한파에도 명품을 구입하기 위해 새벽부터 줄을 서는 진풍경이 이어지는가 하면 외제차 또한 역대 최다 판 매량을 갈아치우고 있다. 이러한 현상들이 과연 소득 증대에서 비롯됐을 까? 절대 그렇지 않다. 'N포 세대'로 대변되는 청년들의 암울한 현실은 내 집 마련을 포기하는 결정으로 이어졌고, 그대신 자동차나 명품 등을 구입하며 현재에 집중하려는 모습을 보여주기에 이른 것이다. 지금 오늘,

현재를 화려하게 불태우는 이들의 모습을 보며 입맛이 쓸쓸한 것은 필자만이 아닐 것이다.

한 가지 다행스러운 점은 최근 들어 이러한 '욜로족'의 확산세가 주춤하고 있다는 사실이다. 근로소득으로는 닿을 수 없는 목표에 좌절하며 현재를 즐기려던 많은 청년이 이제는 '투자'라는 방법으로 자신의 미래에 대비하는 긍정적인 변화의 조짐을 보이고 있다.

한 증권사의 '연령별 투자자 비중 조사'에 따르면, 2020년 2월 기준 20대의 비율은 12.6퍼센트에 불과했다. 하지만 1년 만인 2021년 2월에는 해당 비율이 무려 22.1퍼센트로 급증한 것으로 나타났다. 해당 조사를 통해 20대 청년들의 투자에 대한 관심과 실질적 행동이 크게 높아졌다는 것을 알 수 있었다. 투자에 나서는 청년들이 비율이 다른 연령대에 비해 상대적으로 급증한 이유는 앞서 언급한 그들의 절박한 현재 상황과 맞물려 있다. 근로소득만으로는 분명한 한계가 존재하기 때문에 자산을 증식시킬 수 있는 거의 유일한 방법인 투자에 이목이 집중된 것이다.

사실 복권 당첨같이 우연히 행운을 잡는 극소수의 사람을 제외하면 투자는 자산을 키울 수 있는 거의 유일한 방법이라 해도 과언이 아니다. 번개를 연속으로 2번 맞기보다 어렵다는 로또복권 당첨을 기대하고 사는 어리석은 사람은 존재하지 않을 것이다. 과거 우리 부모 세대가 우직하게 근로소득을 모아 자산을 마련하고 노후를 준비한 것처럼 투자에 나선 사람들 역시 일확천금의 허황된 꿈을 버리는 과정이 선행돼야 한다.

'쥐꼬리만 한 월급으로 언제 종잣돈을 만들어서 투자하느냐'라는 반문, 당연히 튀어나올 것이다. 하지만 최악의 선택은 '종잣돈을 만들기 위한 도박적 투자'라는 사실을 반드시 명심해야 한다. 근로소득을 모으는 과정에 답답함을 느끼는 이들 중 대다수는 몇 달간 급여를 모아 우선 수백만 원 정도 적은 금액을 만든 후 수억 원대로 불리기 위해 암호화폐나 선물 투자에 나서는 경우가 많다. 소위 한 방을 기대하는 도박적 투자 행태다. 자신이 모은 돈에 한정해 도박을 한다면 차라리 다행이다. 몇몇 사람은 이러한 투자에 앞서 레버리지라는 이름의 빚을 얻는 일도 서슴지 않는다. 이처럼 과도한 빚을 내는 행위는 투자 실패에 따른 여파를 아예 고려하지 않은 무모한 행동이라고 할 수밖에 없다.

Q **뉴욕주민** 리스크를 고려하라

성장은 자신의 부족함을 인정하는 데서 시작됩니다. 확실한 자기 객관화는 투자 성과를 개선하는 데 긍정적으로 작용합니다. 다만 초조한 마음에 과도한 레버리지를 일으켜 투자하는 선택은 조심해야 할 필요가 있습니다. 투자는 물론 인생의 그 무엇도 100퍼센트 확률이 보장되는 것은 존재하지 않습니다. 따라서 아무리 성공 확률이 높은 투자처라는 확신이 들더라도 항상 실패에 따른 리스크를 염두에 둬야 합니다.

그런데 체계적인 공부와 일정 수준 이상의 경험이 전제되지 않은 투자 초보자의 리스크는 차치한 채 오로지 성공만을 바라보는 모습을 쉽게 볼 수 있습니다. 아무런 근거도 없이 말이죠. 다소 급한 마음이 생길 수밖에 없는 상황이라는 데는 충분히 공감하지만, 성공적인 투자 성과를 이끌어내기 위한 충분한 준비 과정 없이 실전에 뛰어드는 성급함은 오히려 자신의 삶을 돌이킬 수 없는 구렁텅이에 빠뜨릴 수 있다는 사실을 기억하기 바랍니다.

기회를 만들 수 있는 유일한 길
금융 교육

그 어떤 교육보다 우선시 되고
중요시되어야 하는 **투자지능**

투자지능 없이는 제대로 된
인생을 살 수 없는 시대가 왔으니까요

투자지능
농사를 짓듯이
공부를 하고

투자지능
농사를 짓듯이
투자를 해야합니다

투자지능
어제보다 0.1%라도 성장한
투자자가 된다면

조금씩 자신만의 루틴을
만들어가려고 노력한다면

훨씬 성숙해진
투자지능

훨씬 성숙해진
투자멘탈

다들 그렇게 살아간다. 수많은 직장인이 매일 아침 올라가지 않는 눈꺼풀을 밀어내며 피곤에 전 몸을 이끌고 회사에 나가고, 수백만 명의 자영업자가 오늘도 코로나와의 전쟁에서 살아남기 위해 말 그대로 피를 토하는 심정으로 자신의 사업장을 향해 발길을 옮긴다. 아직 취업 전쟁에서 벗어나지 못한 청년들은 찬란한 내일을 꿈꾸며 책과 씨름하고, 대학생들은 졸업 전 한 줄의 스펙이라도 더 쌓기 위해 동분서주한다. 그리고 우리나라의 모든 사람은 지금보다 더 나은 미래를 꿈꾸며 자신의 자리에서 각자의 방식으로 최선을 다해 일상을 살아가고 있다.

1억 원의 가치가 우스워진 시대다. 1억 원으로는 서울 시내 원룸의 전세금조차 충당하지 못할 정도니, 투자에 목숨을 거는 이들의 절실함은 굳이 말로 설명하지 않아도 충분할 것이다. 하지만 그 적은 종잣돈마저 마련하지 못한다면, 우리 삶을 바꿀 기회조차 잡을 수 없다는 걸 명심해야 한다. 많은 전문가가 종잣돈의 마지노선으로 5000만 원을 제시한다. 직장인이 이를 악물고 모은다면 평균 2~3년 정도 시간이 걸리는 금액이다. 자신의 인생에서 단 1000일조차 투자하지 못한다면, 더 나은 삶을 꿈꿀 자격조차 없다.

나만 힘든 게 아니다. 누구나 다 그렇게 살아간다. 확률이 한없이 제로에 수렴하는 허황된 투자에 현혹돼 자신의 삶을 통째로 저당 잡히는 어리석은 선택을 하지 않길 바라고 또 바란다.